职业教育新能源汽车专业理实一体化教材

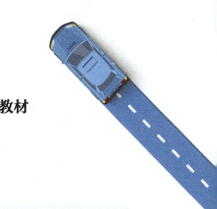

纯电动汽车
常见故障诊断与排除

天津职业技术师范大学汽车职业教育研究所　组编

主　编　何泽刚
副主编　周　毅　孔　超
参　编　申荣卫　张鹏炜　陈朝菊

机械工业出版社

本书是采用"基于工作过程"的方法进行编写的,内容以典型工作任务为载体进行组织,主要包括电池及管理系统常见故障诊断与排除、电机驱动系统常见故障诊断与排除、纯电动汽车综合故障诊断与排除三个学习情境,每个学习情境包含若干学习单元。每个学习单元以实际工作任务导入,理论知识包含共性知识和个性知识,实践技能部分以北汽 EV160 车型为例。为便于理实一体化教学的实施,每个学习单元配有任务工单,用于引导学生进行实践操作。

为方便职业院校开展一体化教学和信息化教学,本书配套了"新能源汽车专业信息化教学网络平台",借助该平台,教师可开展线上和线下教学活动,平台上为每个学习单元开发了教学设计、教学课件、任务工单、教学录像、操作视频、教学动画等丰富的教学资源。联系邮箱:463243836@qq.com。

本书可作为职业院校新能源汽车专业的教学用书,也可以供新能源汽车技术培训机构使用,同时也可作为新能源汽车从业人员的学习参考书。

图书在版编目(CIP)数据

纯电动汽车常见故障诊断与排除/何泽刚主编. —北京:机械工业出版社,2018.3(2025.1 重印)
职业教育新能源汽车专业理实一体化教材
ISBN 978-7-111-58931-0

Ⅰ.①纯… Ⅱ.①何… Ⅲ.①电动汽车 – 故障诊断 – 职业教育 – 教材②电动汽车 – 故障修复 – 职业教育 – 教材 Ⅳ.①U469.72

中国版本图书馆 CIP 数据核字(2018)第 010492 号

机械工业出版社(北京市百万庄大街22号　邮政编码100037)
策划编辑:于志伟　责任编辑:于志伟
责任校对:王　欣　封面设计:鞠　杨
责任印制:常天培
固安县铭成印刷有限公司印刷
2025 年 1 月第 1 版第 11 次印刷
184mm×260mm・9.75 印张・229 千字
标准书号:ISBN 978-7-111-58931-0
定价:42.00 元

电话服务　　　　　　　　　网络服务
客服电话:010-88361066　　机　工　官　网:www.cmpbook.com
　　　　　010-88379833　　机　工　官　博:weibo.com/cmp1952
　　　　　010-68326294　　金　书　网:www.golden-book.com
封底无防伪标均为盗版　　　机工教育服务网:www.cmpedu.com

职业教育新能源汽车专业理实一体化教材

编写委员会

编委会顾问
朱　军　王仁广　王　斌　张宪科　陆小珊

编委会主任
申荣卫

编委会成员
周　毅　孔　超　包丕利　何泽刚　宋建锋
台晓虹　冯勇鑫　王青斌　吕双玲　张　岩

前言

2016年，我国新能源汽车产销规模超过50万辆，保有量超过100万辆，连续第二年居世界首位，中国新能源汽车产业已走在世界前列。2015年，《〈中国制造2025〉重点领域技术路线图（2015年版）》正式发布，明确提出纯电动和插电式混合动力汽车、燃料电池汽车是我国未来在新能源汽车领域的重点发展方向。2016年中国汽车工程学会《节能与新能源汽车技术路线图》的发布再次对新能源汽车技术发展提出了更为明确的思路和路径。

由教育部、人力资源和社会保障部、工业和信息化部联合印发的《制造业人才发展规划指南》指出，2015年节能与新能源汽车人才总量在17万人。预计到2020年，节能与新能源汽车人才总量将达到85万人，缺口人数为68万人。目前，我国职业院校肩负着培养新能源汽车技术技能人才的历史重任。在中国汽车工程学会汽车应用与服务分会的指导下，天津职业技术师范大汽车职业教育研究所在参与完成教育部"新能源汽车行业人才需求与职业院校专业设置指导报告"课题的基础上，组织汽车专业一线教师编写了本套理实一体化教材。

本套教材采用"基于工作过程"的方法进行开发的。在对新能源汽车技术技能人才岗位调研的基础上，分析出岗位典型工作任务，然后根据典型工作任务提炼了行动领域，在此基础上构建了工作过程系统化的课程体系。为方便职业院校开展一体化教学和信息化教学，本教材配套开发了"新能源汽车专业信息化教学网络平台"，平台上为每一个学习单元配套开发了教学设计、教学课件、任务工单、教学录像、操作视频、教学动画等丰富的教学资源。

本书主要包括电池及管理系统常见故障诊断与排除、电机驱动系统常见故障诊断与排除、纯电动汽车综合故障诊断与排除三个学习情境，每个学习情境包含若干学习单元，全部内容均在实车上进行过验证。

本书由天津交通职业学院何泽刚担任主编，天津职业技术师范大学周毅、孔超担任副主编，重庆市立信职业教育中心陈朝菊、天津职业技术师范大学申荣卫、天津市劳动经济学校张鹏炜参与编写。在本书编写过程中，山东星科智能科技股份有限公司提供了大量设备支持，在此表示衷心的感谢。另外，在本书编写过程中，参考了大量国内外相关著作和文献资料，在此一并向有关作者表示感谢。

由于编者水平有限，书中难免有错漏之处，敬请读者批评指正。

编　者

目录

前言

学习情境 1　电池及管理系统常见故障诊断与排除 ·· 1

　学习单元 1.1　车辆充电异常故障的诊断与排除 ·· 2
　任务工单 1.1 ··· 8
　学习单元 1.2　电池状态信息显示异常故障的诊断与排除 ·· 10
　任务工单 1.2 ··· 16
　学习单元 1.3　动力电池异常断开故障的诊断与排除 ··· 19
　任务工单 1.3 ··· 27
　学习单元 1.4　母线电压/电流显示异常故障的诊断与排除 ··· 30
　任务工单 1.4 ··· 36

学习情境 2　电机驱动系统常见故障诊断与排除 ·· 38

　学习单元 2.1　电机过热故障的诊断与排除 ·· 39
　任务工单 2.1 ··· 47
　学习单元 2.2　电机异响故障的诊断与排除 ·· 50
　任务工单 2.2 ··· 54
　学习单元 2.3　电机控制系统故障的诊断与排除 ·· 57
　任务工单 2.3 ··· 62

学习情境 3　纯电动汽车综合故障诊断与排除 ··· 64

　学习单元 3.1　绝缘故障的诊断与排除 ·· 65
　任务工单 3.1 ··· 74
　学习单元 3.2　VCU 通信故障的诊断与排除 ··· 76
　任务工单 3.2 ··· 83
　学习单元 3.3　高压不上电故障的诊断与排除 ··· 86
　任务工单 3.3 ··· 95
　学习单元 3.4　仪表无显示故障的诊断与排除 ··· 98
　任务工单 3.4 ··· 108

学习单元 3.5　车辆续驶里程过短故障的诊断与排除 …………………………… 111
任务工单 3.5 ……………………………………………………………………… 118
学习单元 3.6　车辆无法加速故障的诊断与排除 ………………………………… 121
任务工单 3.6 ……………………………………………………………………… 128
学习单元 3.7　车辆无法行驶故障的诊断与排除 ………………………………… 131
任务工单 3.7 ……………………………………………………………………… 142

《纯电动汽车常见故障诊断与排除》理实一体化教室布置图 ………………… 146

参考文献 ……………………………………………………………………………… 147

学习情境 1

电池及管理系统常见故障诊断与排除

➡ 学习目标

➢ 能通过与客户交流、查阅相关维修技术资料等方式获取车辆信息。
➢ 能根据故障现象制订正确的诊断流程。
➢ 能正确对车辆无法充电故障进行诊断。
➢ 能正确对动力电池异常断开故障进行诊断。
➢ 能正确对电压/电流显示异常故障进行诊断。
➢ 能根据故障需求选择正确的诊断和检测设备。
➢ 能根据环保要求，正确处理对环境和人体有害的辅料和损坏的零部件。

学习单元1.1 车辆充电异常故障的诊断与排除

一辆北汽 EV160 纯电动汽车,客户反映充电时插上充电枪,仪表上无充电连接符号,无充电电流,无法正常充电。经检查,充电枪内部电阻损坏,修复后故障现象消失,能够正常充电。

1. 能根据车辆充电异常现象分析故障原因。
2. 能制订车辆充电异常现象诊断流程。
3. 能根据故障流程进行车辆充电异常故障的诊断。

车辆充电异常是指电动汽车正确连接充电枪或充电桩后不能正确对车辆进行充电。车辆充电异常故障现象可以分为三类:车辆不能 READY、车辆不显示充电和车辆显示充电电流小。

导致车辆不能 READY 的原因较多,主要为 VCU 故障、电池自身故障等。

车辆不显示充电的原因可以分为四类,如图 1-1-1 所示。

车辆不能正常充电的原因主要有四个:车辆外部设备故障、车辆 VCU 故障、电池自身故障以及通信故障。

(1) 车辆外部设备故障 车辆充电时需要利用外部设备进行充电。充电的方式有两大类:充电桩充电和家用插座充电。采用充电桩充电,充电异常则可能是充电桩及线路故障,具体故障点包括:充电桩自身故障、充电连接线故障、充电枪故障;采用家用 220V 充电,充电异常主要故障点则包括:充电插座故障、充电连接线 2 故障、充电枪故障等。

(2) 车辆 VCU 故障 车辆 VCU 发生故障也会使车辆产生充电异常现象。当车辆充电时,无论快充还是慢充,都需要 VCU 接收到充电连接信号和充电确认信号,VCU 确认连接好后,通过总线和 BMS 进行通信,如果是快充,还需要快充继电器闭合后才能正常充电。因此,当 VCU 故障时,车辆是不能正常充电的。车辆 VCU 故障主要原因有:VCU 没有上电、VCU 通信故障和 VCU 损坏。

(3) 电池自身故障 电池是电能的载体,充电的过程就是将电能转化为化学能。当电池自身发生故障时,也会发生充电异常现象。故障的主要原因可能是 BMS 系统故障、接口故障、内部传感器故障,或者电池自身的硬件故障等,这时需要对电池进行进一步的检查。

(4) 通信故障 新能源车上采用总线通信,当新能源 CAN 总线发生故障时,会导致充电不能唤醒，因此不能正常充电。

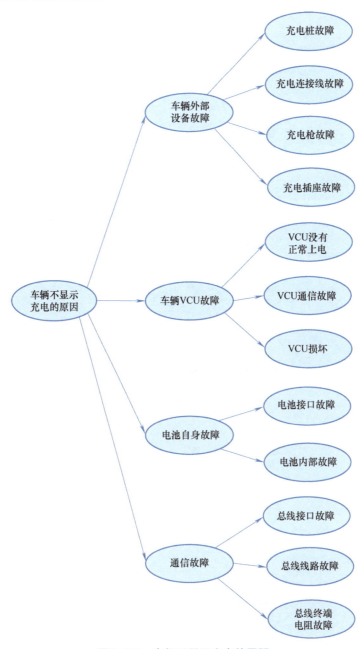

图 1-1-1　车辆不显示充电的原因

当车辆发生充电异常故障时，一般需要遵循由简单到复杂的诊断流程。但一定要注意：排除故障时，首先判断车辆是否有绝缘故障，确定没有绝缘故障后再进行后序检查。

当故障发生时，要判断故障是在车外还是在车辆自身。因此，首先检查外部充电设备是否正常，如果外部设备正常，则检查车辆自身故障。

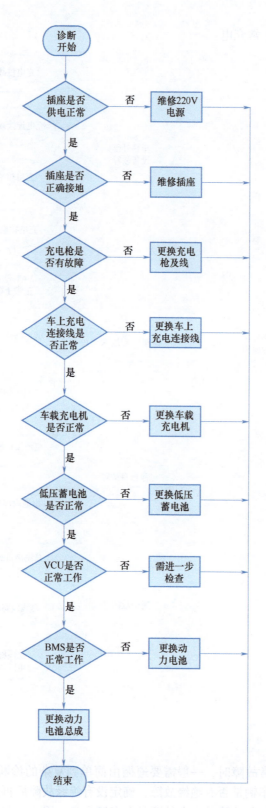

图 1-1-2　车辆充电异常故障诊断流程

当采用家用220V插座进行充电时,具体诊断流程如图1-1-2所示。可以看出,当车辆充电异常时,首先进行车外的检查。检查插座是否正常供电,可用220V供电的试灯(修车灯)等进行测试,如果灯正常点亮,则说明供电正常,否则更换电源。

如果检查供电正常,则需要检查插座接地是否正常,可用万用表测量接地情况,接地不良则需更换插座后重新进行测试。

排除插座故障后,需要检查交流充电枪是否有故障。充电枪接口如图1-1-3所示。接口中,1号端子为CC端子,即连接确认信号端子,当充电枪正常连接220V插座后,该端子电压为12V;按下充电枪上蓝色按钮,该端子电压应为0V;当充电枪和车上充电插口连接后,该端子电压降到2V以下。2号端子为充电控制确认信号端子,当充电枪连接220V插座后,该端子电压应低于2V,充电枪和车上充电接口连接后,该端子电压上升到8V以上。3号端子为火线端子,5号端子为零线端子,充电枪和车上充电接口连接前,无电压,当正常连接后,电压为220V。4号端子为接地端子,该端子电压一直为0V。因此,

图1-1-3 充电枪上的接口

通过检查以上端子情况,可以判断充电枪是否正常工作。如果充电枪有故障,则需要进行更换。

检查充电枪无故障,则需要检查连接车载充电机的线束和车载充电机是否正常。充电连接线可以采用测通断的方式来检查。

正常情况下,车载充电机的power灯和run灯应该正常点亮,且为绿色。否则,更换车载充电机。

如果检查车载充电机后仍不能正常充电,则检查是否由于低压蓄电池亏电导致车上低压控制不能实现。

以上检查完成后,仍不能进行充电,则可检查VCU是否有故障。VCU故障检查较为复杂,需要进行专业检查。

确定VCU无故障后,故障仍不能排除,则可怀疑是BMS故障或电池内部有故障,此类故障需进行专业检查。

故障诊断与修复

下面利用上述诊断流程,完成任务导入中车辆充电异常故障的检测、诊断与修复。

1)根据客户描述的故障现象,检查组合仪表的故障提示,发现组合仪表显示充电界面、续驶里程(144km)、动力电池电压(330V),充电电流(1A),慢充,提示"请连接充电枪",未显示充电连接符号,如图1-1-4所示。

2)检查充电连接插座是否正常供电,经检查,供电电压正常,为220V。

3)检查充电连接插座是否正常接地,经检查,接地正常。

4)检查充电枪CC端子是否故障:拔下交流充电枪,用万用表测量CC端子电压,电压为12V,正常,如图1-1-5所示。

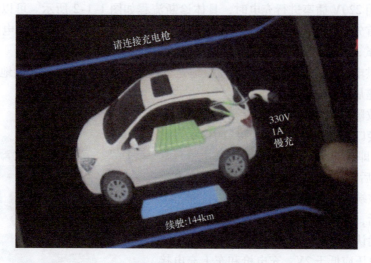

图 1-1-4 故障确认

将诊断引线插入交流充电接口 CC 端子，插上交流充电枪用万用表测量 CC 端子电压，如图 1-1-6 所示。结果显示电压为 13.9V，说明该端子没有正常连接。

图 1-1-5 测量 CC 端子电压

图 1-1-6 连接充电枪后的 CC 端子电压

5）拔下交流充电枪，拔下慢充连接线 2 交流插头，测量交流充电枪 CC 端子与 E 端子之间的电阻，测量值为无穷大，如图 1-1-7 所示。正常应为 677Ω，因此判断交流充电枪内

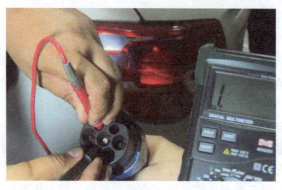
图 1-1-7 测量 CC 端子与接地之间的阻值

6

部出现电路故障。

6) 更换新的充电枪后,充电电压为336V,充电电流为10A,正常显示充电连接符号,慢充正常,故障排除,充电界面如图1-1-8所示。

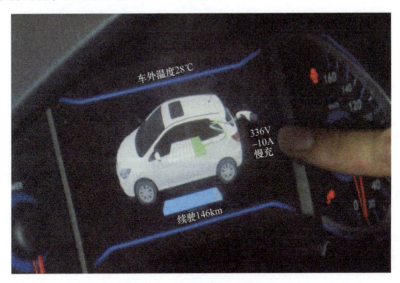

图 1-1-8　更换充电枪后的充电界面

交流充电枪上的端子中,CC 为充电连接确认,该针脚信号正常说明充电枪和车身连接正常;当充电枪一端连接交流插座后,CC 端子和车身搭铁间电压应为12V 左右,将充电枪插入慢充插口后,CC 端子和车身搭铁间电压降低到2V 以下,则表示和电动汽车 VCU 等连接成功,可以进行正常充电了。

CC 端子还有一个功能是检测充电枪是否插到位。

正常情况下,CC 端子和充电枪接地端子间电阻为667Ω。经检测,该电阻阻值为无穷大,因此说明该电阻损坏,不能和 VCU 连接成功。

1. 车辆充电异常是指电动车正确连接充电枪或充电桩后不能正确对车辆进行充电。车辆充电异常故障现象可以分为三类:车辆不能"Ready"、车辆不显示充电和车辆显示充电电流小。

2. 车辆不能正常充电的原因主要有四个:车辆外部设备故障、车辆 VCU 故障、电池自身故障以及通信故障。

3. 当车辆充电异常时,首先进行车外的检查,主要是外部交流电源、交流充电桩、交流充电枪等是否有故障,排除外围故障后,对车上充电插口、交流充电线、车载充电机、蓄电池、VCU 及 BMS 等进行检查。

任务工单1.1

任务名称	车辆充电异常故障的诊断与排除	学时	4	班级	
学生姓名		学生学号		任务成绩	
实训设备	北汽 EV160 纯电动汽车 4 辆、XK-XNY-EV16061 型六合一实训台 1 台、车间防护用具 4 套、个人防护用具 4 套、绝缘工具 4 套、常用检测仪器设备（万用表、兆欧表、专用故障诊断仪等）各 4 套、博世 208 测试线 4 套、充电连接线 2 需 4 套。	实训场地	新能源汽车理实一体化教室	日期	
任务描述	一辆北汽 EV160 纯电动汽车，客户反映充电时连接充电枪，插枪后仪表显示充电界面，提示"请连接充电枪"，无充电连接符号，无充电电流，无法正常充电。				
任务目的	以行动为导向，引导学生制订计划，按照正确诊断流程诊断和修复故障。在此过程中学习相关理论知识和实践操作技能。				

一、资讯

1. 车辆充电异常是指_____。车辆充电异常故障现象可以分为三类：车辆不能 READY、_____和_____。

2. 可以看出车辆不能正常充电的原因主要有四个：_____、_____、电池自身故障以及_____。

3. 采用充电桩充电，充电异常则可能是_____，具体故障点包括：充电桩自身故障、_____、_____。

4. 采用家用 220V 充电，充电异常主要故障点包括：_____、充电连接线 2 故障、_____等。

5. 当车辆充电时，无论快充还是慢充，都需要_____接收到充电连接信号和_____，VCU 确认连接好后，通过_____和 BMS 进行通信，如果是快充，还需要_____闭合后才能正常充电。

二、计划与决策

请根据故障现象和任务要求，确定所需要的检测仪器、工具，并对小组成员进行合理分工，制订详细的诊断和修复计划。

1. 需要的检测仪器、工具及防护用具

2. 小组成员分工

3. 诊断和修复计划

三、实施

1. 试车

进行试车，故障现象与客户描述是否一致：_____。

初步分析_____，导致车辆无法行驶。

2. 检查组合仪表和中控的故障提示

仪表盘显示情况：_____

中控显示情况：_____

声音警告情况：_____

操作换档旋钮，车辆运行状态：_____

3. 充电功能检查

检查充电连接插座是否正常供电，_____。

检查充电连接插座是否正常接地，_____。

检查充电枪 CC 端子是否故障：拔下交流充电枪，用万用表测量 CC 端子电压，电压为_____。

将诊断引线插入交流充电接口 CC 端子，插上交流充电枪用万用表测量 CC 端子电压，电压为_____。

拔下交流充电枪，拔下慢充连接线 2 交流插头，测量交流充电枪 CC 端子与 E 端子之间的电阻，测量值为_____。正常应为_____，因此判断交流充电枪内部出现电路故障。

4. 诊断结论

综合以上检查及分析，判定故障为：_____。

四、检查

故障排除后，并进行如下检查：

1. 检查仪表及中控是否还有故障提示：_____

2. 检查充电情况：_____

3. 充电完成后检查车辆行驶情况：_____

五、评估

1. 请根据自己任务完成的情况，对自己的工作进行自我评估，并提出改进意见。

1) _____

2) _____

3) _____

2. 工单成绩（总分为自我评价、组长评价和教师评价得分值的平均值）

自我评价	组长评价	教师评价	总分

学习单元 1.2　电池状态信息显示异常故障的诊断与排除

 任务导入

一辆北汽 EV160 纯电动汽车，客户反映当起动开关置于 ON 位时，屏幕顶部显示"请尽快进行充电"，剩余电量显示 0%，不显示续驶里程，且有故障灯点亮，换档旋钮旋至 D 位，车辆无法行驶。经检查，BMS 供电熔断器 FB14 断路，更换该熔断器后故障现象消失，车辆能够正常行驶。

 学习目标

1. 能根据车辆电池状态显示的异常现象分析故障原因。
2. 能制订车辆电池状态显示异常现象的诊断流程。
3. 能根据故障流程进行车辆电池状态显示异常的故障诊断。

 故障原因分析

电池状态显示异常是指在仪表盘或者中控台上没有正确地将电池的信息显示出来。正常情况下仪表可以显示电池的电压、剩余电量、输出电流大小、平均电耗、总里程、续驶里程等。电池状态显示异常时，一般不能正常显示电池的电压、剩余电量灯参数，一般这类故障并不是由电池自身故障导致的，而是由于动力电池 BMS 故障、VCU 故障、母线故障、绝缘故障以及总线故障等导致的。

电池状态显示的媒介是仪表盘，当电池状态信号不能正确传递到仪表盘时，都会引起电池状态显示异常。信息传递过程如图 1-2-1 所示。

由图 1-2-1 可以看出，电池的信息首先通过电池的内部 CAN 总线发送到 BMS 的通信接口，然后通过新能源 CAN 总线把信息传递给 VCU，VCU 进行处理后，将信息通过传统 CAN 总线传递给仪

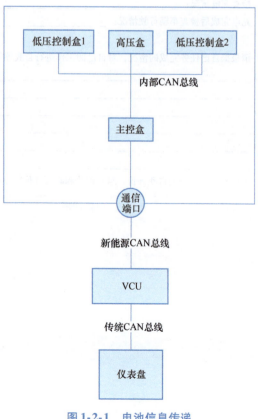

图 1-2-1　电池信息传递

表盘进行显示。因此可以看出，如果仪表盘没有正确地将电池状态显示出来，则故障点包含以上信息的所有传递环节。

电池状态显示异常的故障点分析如图 1-2-2 所示。

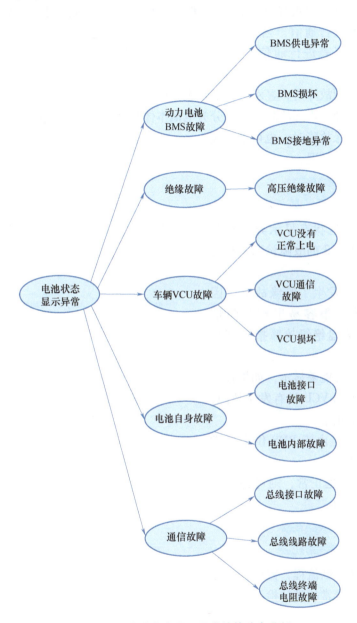

图 1-2-2　电池状态显示异常的故障点分析

可以看出，动力电池 BMS 系统的故障主要包含 BMS 供电异常、BMS 损坏和 BMS 接地异常。BMS 供电异常往往是由于 BMS 供电线路故障导致的，例如供电线路断路、熔断器断开等，当出现该类故障时，需要对线路进行进一步检查以确定故障点位置。BMS 损坏一般是由于外部原因导致的 BMS 内部元器件损坏、内部线路故障等，该类故障一般不好进行判断，如果对其他故障进行排除后，仍不能解决故障，则可认为 BMS 损坏。BMS 故障也可能是 BMS 系统的没有正常接地导致的。BMS 由外部 12V 电源进行供电，当其没有正常接地时，BMS 也不能正常工作。

VCU 出现故障时，也会出现动力电池状态显示异常。VCU 的供电是蓄电池或 DC/DC 进行供电，当供电出现异常时，电池状态也不能正常显示。另外，VCU 通过新能源 CAN 总线和 BMS 进行通信，当通信出现异常时，电池状态也不能正常显示。VCU 通过传统 CAN 总线和仪表进行通信，当通信出现异常时，仪表也不能正常显示动力电池信息。

当电池自身出现故障时，显示的电池状态为电池的异常状况。故障点主要包括电池接口故障和电池内部故障。内部故障又可以分为电池本体故障和传感器故障两类。

当车辆出现绝缘故障时，也可能出现电池状态显示异常的情况。

当车辆发生电池状态显示异常故障时，一般遵循图 1-2-3 的故障诊断流程进行排除。

首先判断是否发生了绝缘故障，因为发生绝缘故障后很容易出现危险情况，需要检查仪表盘绝缘故障指示灯是否点亮。

检查仪表盘是否能够显示，如果仪表盘能够有显示，说明 VCU 没有发生故障，且和仪表之间通信正常。

然后判断是否是由于 BMS 供电异常导致的 BMS 不工作。

如果 BMS 工作也正常，则可怀疑是电池自身故障导致的。

下面利用上述诊断流程，完成任务导入中电池状态显示异常故障的检测、诊断与修复。

1）根据客户描述的故障现象，检查组合仪表的故障提示，发现起动开关置于 ON 位时，屏幕顶部显示"请尽快进行充电"，剩余电量显示 0%，不显示续驶里程，动力电池断开故障灯点亮，充电提醒指示灯点亮，换档开关置于 D 位，仪

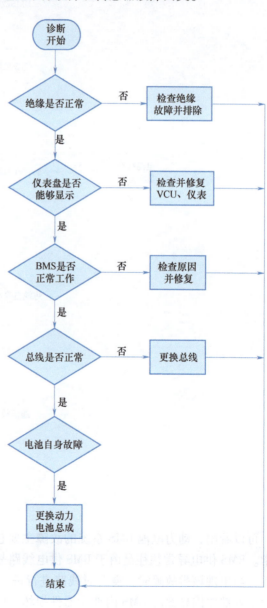

图 1-2-3　车辆状态显示异常故障诊断流程

表盘能量回收关闭指示灯点亮，车辆无法行驶，中控显示微度故障，如图 1-2-4 所示。

2）关闭起动开关，将北汽专用诊断仪与车辆诊断座相连，如图 1-2-5 所示。

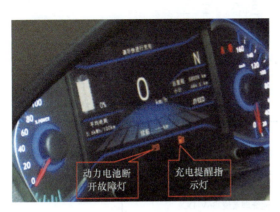

图 1-2-4　电池状态显示异常的故障确认

图 1-2-5　将北汽专用诊断仪与车辆诊断座相连

3）打开起动开关，利用故障诊断软件进行快速测试，测试显示，不能进入动力电池系统，如图 1-2-6 所示，初步判定为 BMS 不工作。

名称	当前值
中控信息娱乐系统(EHU)	正在连接汽车电脑…
整车控制器(VCU)	2 DTC
驱动电机系统(MCU)	OK
动力电池系统(BMS PPST)	N/A
组合仪表(ICM)	OK
车载充电机(CHG)	N/A
动力电池系统(BMS BESK)	N/A
远程监控系统(RMS)	OK
电动助力转向系统(EPS)	OK

图 1-2-6　北汽专用诊断仪不能进入动力电池系统

4）查阅北汽 EV160 纯电动汽车动力电池 BMS 供电电路图可知 FB13 和 FB14 熔断器为 BMS 供电熔断器，如图 1-2-7 所示。

5）检查 FB13 熔断器，用万用表检查，发现熔断器正常，如图 1-2-8 所示。

6）检查 FB14 熔断器，用万用表检查，发现电阻为无穷大，说明熔断器熔断，如图 1-2-9 所示。

7）更换 FB14 熔断器，故障排除。

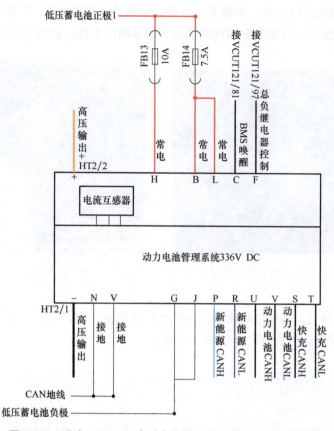

图 1-2-7　北汽 EV160 纯电动汽车动力电池 BMS 供电电路图

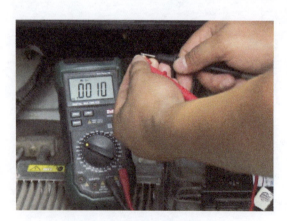

图 1-2-8　FB13 熔断器正常

图 1-2-9　FB14 熔断器熔断

由北汽 EV160 动力电池 BMS 供电电路图（图 1-2-7）可以看出，BMS 由低压蓄电池或 DC/DC 供电，FB13 和 FB14 熔断器断路时，动力电池 BMS 系统没有正常供电，因此 BMS 系统未能正常工作，电池的所有信息送达 BMS 后，BMS 没有进行处理，信息也没有能够通过

总线传送给 VCU，因此仪表不能正确获取电池信息并显示。

1. 电池状态显示异常时，一般不能正常显示电池的电压、剩余电量等参数，一般这类故障并不是由电池自身故障导致的，而是由动力电池 BMS 故障、VCU 故障、母线故障、绝缘故障以及总线故障等导致的。

2. 电池的信息首先通过电池的内部 CAN 总线发送到 BMS 的通信接口，然后通过新能源 CAN 总线把信息传递给 VCU，VCU 进行处理后，将信息通过传统 CAN 传递给仪表盘进行显示。

3. 动力电池 BMS 系统的故障主要包含 BMS 供电异常、BMS 损坏和 BMS 接地异常。

4. VCU 故障、电池自身故障或车辆出现绝缘故障时，也可能出现电池状态显示异常的情况。

任务工单1.2

任务名称	电池状态显示异常故障的诊断与排除	学时	4	班级	
学生姓名		学生学号		任务成绩	
实训设备	北汽 EV160 纯电动汽车 4 辆、XK-XNY-EV16061 型六合一实训台 1 台、车间防护用具 4 套、个人防护用具 4 套、绝缘工具 4 套、常用检测仪器设备（万用表、兆欧表等）各 4 套、博世 208 测试线 4 套、充电连接线 2 需 4 套。	实训场地	新能源汽车理实一体化教室	日期	
任务描述	一辆北汽 EV160 纯电动汽车，客户反映当起动开关置于 ON 位时，屏幕顶部显示"请尽快进行充电"，剩余电量显示 0%，不显示续驶里程，且有故障灯点亮，换档旋钮旋至 D 位，车辆无法行驶。				
任务目的	以行动为导向，引导学生制订计划，按照正确诊断流程诊断和修复故障。在此过程中学习相关理论知识和实践操作技能。				

一、资讯

1. 电池的信息首先通过_____发送到 BMS 的_____，然后通过_____把信息传递给 VCU，VCU 进行处理后，将信息通过_____传递给仪表盘进行显示。因此可以看出，如果仪表盘没有正确地将电池状态显示出来，则故障点包含以上信息的所有传递环节。

2. 动力电池 BMS 系统的故障主要包含_____、_____和 BMS 接地异常。

3. BMS 损坏一般是由于外部原因导致的_____、_____等，该类故障一般不好进行判断，如果对其他故障进行排除后，仍不能解决故障，则可认为是 BMS 损坏。

4. VCU 出现故障时，也会出现动力电池状态显示异常。VCU 的供电是_____进行供电，当供电出现异常时，电池状态_____。

5. 当电池_____时，显示的电池状态为电池的异常状况。故障点主要包括_____和电池内部故障。内部故障又可以分为_____和_____两类。

二、计划与决策

请根据故障现象和任务要求，确定所需要的检测仪器、工具，并对小组成员进行合理分工，制订详细的诊断和修复计划。

1. 需要的检测仪器、工具及防护用具

2. 小组成员分工

3. 诊断和修复计划

三、实施
1. 试车

进行试车，故障现象与客户描述是否一致：_____。

初步分析_____，导致车辆无法行驶。

2. 检查组合仪表和中控的故障提示

仪表盘显示情况：_____

中控显示情况：_____

声音警告情况：_____

操作换档旋钮，车辆运行状态：_____

3. 车辆功能检查

空调系统工作是否正常：_____。

电动真空泵工作是否正常：_____。

连接充电枪，观察仪表盘显示情况：_____。

车载充电机运行灯点亮情况：_____。

能否正常充电：_____。

4. 车辆基本检查

关闭起动开关，拆下低压蓄电池负极，打开前机舱盖，穿戴好个人防护用具，检查车辆高压系统、控制单元及线束插头，有无松动、损坏等现象。

经检查：_____。

5. 连接故障诊断仪读取故障码

控制单元可否访问：_____。

有、无故障码：_____。故障码：_____

6. 查阅电路图，分析故障范围

经检查，BMS 工作_____，查阅电路图，怀疑 BMS 存在的故障为：_____

7. 查阅北汽 EV160 纯电动汽车动力电池 BMS 供电电路图，显示_____和_____熔断器为 BMS 供电熔断器。

检查 FB13 熔断器，用万用表检查，发现_____，说明熔断器_____。

检查 FB14 熔断器，用万用表检查，发现_____，说明熔断器_____。

8. 诊断结论

综合以上检查及分析，判定故障点为：_____。

四、检查
故障排除后，用故障诊断仪清除故障码，并进行如下检查：

1. 检查仪表及中控是否还有故障提示：_____。

2. 检查高压上电情况：_____。

3. 检查车辆行驶情况：_____。

五、评估
1. 请根据自己任务完成的情况，对自己的工作进行自我评估，并提出改进意见。

1) _____

2) _____

3) _____

2. 工单成绩（总分为自我评价、组长评价和教师评价得分值的平均值）

自我评价	组长评价	教师评价	总分

学习单元 1.3　动力电池异常断开故障的诊断与排除

任务导入

一辆北汽 EV160 纯电动汽车，客户反映车辆无法行驶，屏幕顶部显示"请尽快进行充电"，剩余电量显示 0%，不显示续驶里程，仪表上有故障灯点亮，中控显示微度故障。经检查，新能源 CAN 总线通信故障，更换 CAN 总线后故障现象消失，车辆能够正常行驶。

学习目标

1. 能根据动力电池异常断开现象分析故障原因。
2. 能制订动力电池异常断开现象的诊断流程。
3. 能根据故障流程进行车辆电池状态显示异常的故障诊断。

故障原因分析

动力电池异常断开情况分为两种：一种是动力电池自身、高压电路等发生故障导致电能不能从动力电池输出给用电设备（包括驱动电机以及高压附件等）；另一种是绝缘故障、动力电池管理系统故障、VCU 故障或总线故障等导致的 VCU 不能正确获取电池状态，认为电池处于某种不正常情况下的动力电池断开。

动力电池异常断开的故障点分析如图 1-3-1 所示。

动力电池异常断开与电池状态显示异常相比较，它们的故障点是类似的，但前者的故障现象更为严重，这种情况下一般需要更深入地对故障进行分析和诊断。

当动力电池 BMS 系统故障时，VCU 不能正确获取动力电池的信息，VCU 会认为动力电池已经发生故障，从而在仪表上显示动力电池异常断开。动力电池状态显示异常时，一般情况下 VCU 和 BMS 会有部分的通信，但是当通信全部中断时，VCU 就会报出动力电池异常断开。如果采用故障诊断仪进行诊断，会发现能够正常进入车辆 VCU 读取各类信息，但是不能进入 BMS 读取电池信息。

当仪表发生故障时，仪表不能正确接收 VCU 的信息，仪表只是按照初始设置，报出故障码，此时也会显示动力电池异常断开。但该情况下，动力电池、VCU 及总线都是正常状态，因此这类故障需要谨慎判断。这类故障如果采用故障诊断仪进行诊断，会发现能够正常进入 VCU 和 BMS，各项指标都正常，但是仪表依然显示错误。

车辆 VCU 发生故障时，VCU 能够接收 BMS 信息，但是不能做出正确的处理，而且也不能向仪表盘传递正确的信息，仪表盘接收不到信息，也会按照自身的初设设置显示出故障码。这种情况下，用故障诊断仪进行诊断会发现不能进入整车的 VCU，不能读取任何的车辆信息。

当电池自身发生故障时，特别是发生动力电池内部断路等故障时，采用故障诊断仪进行

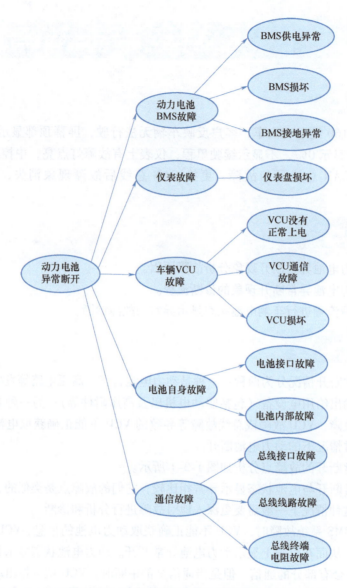

图 1-3-1　动力电池异常断开的故障点分析

诊断会发现能够进入 VCU 读取整车信息，能够进入 BMS 读取部分信息，但是有些指标不正常，例如动力电池电压、电流等参数。

车辆的通信故障一般是指 CAN 总线故障。在电动汽车上一般采用四类总线：电池内部 CAN 总线、新能源 CAN 总线、快充 CAN 总线和传统 CAN 总线。当电池内部 CAN 总线出现故障时，电池的信息是不能正确传递到 VCU 的，此时进一步检查才能确定是不是发生了该类故障；新能源 CAN 总线连接了动力电池 BMS、VCU 及其他部件，新能源 CAN 总线出现故障时，动力电池的信息是不能传递到 VCU 等部件的，此时仪表肯定会报动力电池异常断开的故障；传统 CAN 总线连接了 VCU 和仪表，当传统 CAN 总线出现故障时，仪表也不能正常显示，可能会报出动力电池异常断开故障。通信故障，一般可用故障诊断仪进行诊断。

 **故障诊断流程**

当车辆发生电池异常断开故障时，一般遵循图 1-3-2 的故障诊断流程进行排除。

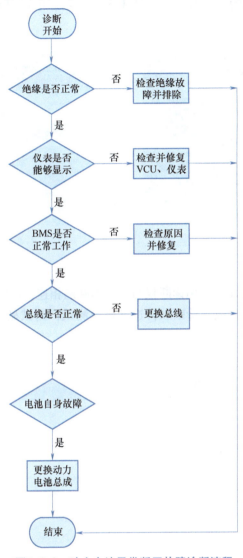

图 1-3-2　动力电池异常断开故障诊断流程

首先判断是否发生了绝缘故障，因为发生绝缘故障后很容易出现危险情况，因此需要检查仪表盘绝缘故障指示灯是否点亮。

检查仪表盘是否能够显示，如果仪表盘能够有显示，说明 VCU 没有发生故障，且和仪表之间通信正常。

如果没有发现故障，则可以连接故障诊断仪进行诊断。

 **故障诊断与修复**

下面利用上述诊断流程，完成任务导入中动力电池异常断开故障的检测诊断与修复。

1）根据客户描述的故障现象，检查组合仪表的故障提示，起动开关置于 ON 位时，屏幕顶部显示“请尽快进行充电”，剩余电量显示 0%，不显示续驶里程，动力电池断开故障灯点亮，系统故障灯点亮，充电提醒指示灯点亮，换档开关置于 D 位，仪表盘能量回收关闭指示灯点亮，车辆无法行驶，如图 1-3-3 所示。中控显示微度故障，如图 1-3-4 所示。

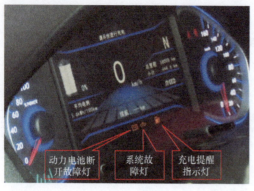

图 1-3-3　动力电池异常断开故障灯点亮

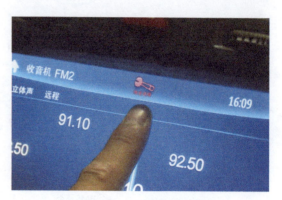

图 1-3-4　中控显示微度故障

2）关闭起动开关，将北汽专用诊断仪与车辆诊断座相连，如图 1-3-5 所示。

3）打开起动开关，利用故障诊断软件进行快速测试，测试显示，不能进入动力电池系统，如图 1-3-6 所示。

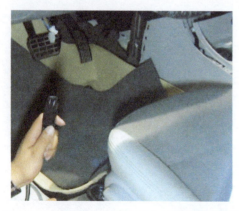

图 1-3-5　将北汽专用诊断仪与车辆诊断座相连

名称	当前值
整车控制器(VCU)	2 DTC
驱动电机系统(MCU)	OK
动力电池系统(BMS PPST)	N/A
组合仪表(ICM)	OK
车载充电机(CHG)	N/A
动力电池系统(BMS BESK)	N/A
远程监控系统(RMS)	OK
电动助力转向系统(EPS)	OK
中控信息娱乐系统(EHU)	N/A
车身电控模块(BCM)	3 DTC

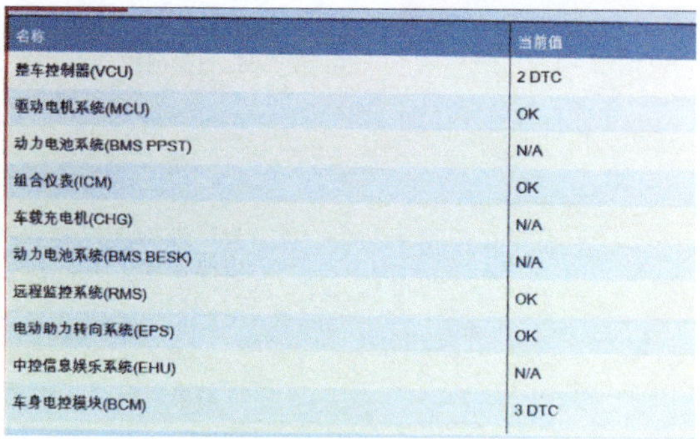

图 1-3-6　不能进入动力电池系统

4）查阅北汽 EV160 纯电动汽车动力电池 BMS 供电电路图（参见图 1-2-7），初步判定为 BMS 或相关线路存在故障。

疑似故障点有：BMS 供电异常、新能源 CAN 总线通信故障或 BMS 故障。

5）检查 BMS 供电，按照操作过程进行下电操作。

6）检查动力电池低压线束插头，动力电池低压线束插头上 B 和 G 端子分别为 BMS 供电正极和负极，观察低压线束插头上 B 端子无退针现象，如图 1-3-7 所示。

观察低压线束插头上 G 端子无退针现象，如图 1-3-8 所示。

图 1-3-7　观察低压线束插头上 B 端子无退针现象　　图 1-3-8　观察低压线束插头上 G 端子无退针现象

观察低压线束插座上 B 端子无退针现象，如图 1-3-9 所示。

观察低压线束插座上 G 端子无退针现象，如图 1-3-10 所示。

图 1-3-9　观察低压线束插座上　　　　　图 1-3-10　观察低压线束插座上
　　　B 端子无退针现象　　　　　　　　　　　　G 端子无退针现象

7）连接蓄电池负极，利用万用表测量 B 端子电压，为蓄电池电压，如图 1-3-11 所示。

8）利用万用表测量 G 端子与搭铁导通，电阻约为 1Ω，搭铁正常，如图 1-3-12 所示，判定 BMS 供电正常。

9）检查新能源 CAN 总线通信故障：拆下蓄电池负极，拔下整车控制器插头 B，104 端子为新能源 CAN-L 线束，将探针及延长线插入整车控制器插头 B 上的 104 端子，测量整车控制器 VCU/104 端子和动力电池低压线束 R 端子间电阻，测量电阻值约为 1Ω，如图 1-3-13 所示。

阻值正常，即新能源 CAN-L 线路正常。

10）111 端子为新能源 CAN-H 线束，将探针及延长线插入整车控制器插头 B 上的 111 端子，测量整车控制器 VCU/111 端子和动力电池低压线束 P 端子间电阻，测量电阻值为无穷大，如图 1-3-14 所示；说明新能源 CAN-H 线路断路。

图 1-3-11　测量 B 端子电压

图 1-3-12　测量 G 端子搭铁情况

图 1-3-13　测量整车控制器 VCU/104 端子和动力电池低压线束 R 端子间电阻

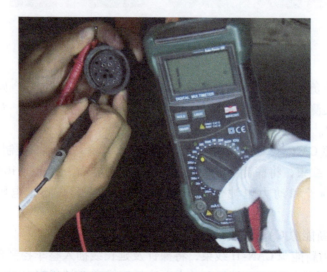

图 1-3-14　测量整车控制器 VCU/111 端子和动力电池低压线束 P 端子间电阻

11）更换线束，故障排除。

12）按规范流程进行上电操作。

 **故障案例分析**

电动汽车上一般的通信拓扑如图 1-3-15 所示。由拓扑图可以看出，动力电池内部采用内部 CAN 总线进行通信，将电池信息给主控盒，主控盒将其处理后，通过新能源 CAN 总线发送给 VCU，VCU 和仪表盘之间的通信采用传统 CAN 总线。

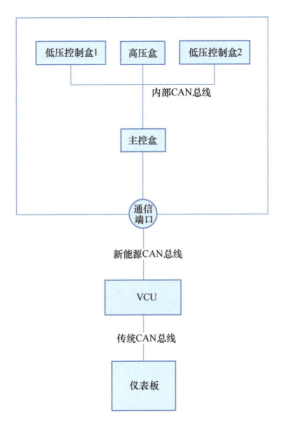

图 1-3-15　电动汽车上一般的通信拓扑

当新能源 CAN 总线发生故障时，电池的信息不能正确传递到 VCU，VCU 认为动力电池出现了故障，因此在仪表盘上显示动力电池异常断开故障。

 **单元小结**

1. 动力电池异常断开情况分为两种：一种是动力电池自身、高压电路等发生故障导致电能不能从动力电池输出给用电设备（包括驱动电机以及高压附件等）；另一种是绝缘故障、动力电池管理系统故障、VCU 故障或总线故障等导致的 VCU 不能正确获取电池状态，认为电池处于某种不正常情况下的动力电池断开。

2. 动力电池异常断开相比较电池状态显示异常的情况，它们的故障点是类似的，但是故障现象较为严重，这种情况下一般需要深入地对故障进行分析和诊断。

3. 动力电池内部采用内部 CAN 总线进行通信，将电池信息给主控盒，主控盒将其处理后，通过新能源 CAN 总线发送给 VCU，VCU 和仪表盘之间的通信采用传统 CAN 总线。

4. 当新能源 CAN 总线发生故障时，电池的信息不能正确传递到 VCU，VCU 认为动力电池出现了故障，因此在仪表盘上显示动力电池异常断开故障。

任务工单1.3

任务名称	动力电池异常断开故障的诊断与排除	学时	4	班级	
学生姓名		学生学号		任务成绩	
实训设备	北汽 EV160 纯电动汽车 4 辆、XK-XNY-EV16061 型六合一实训台 1 台、车间防护用具 4 套、个人防护用具 4 套、绝缘工具 4 套、常用检测仪器设备（万用表、兆欧表等）各 4 套、博世 208 测试线 4 套、充电连接线 2 需 4 套。	实训场地	新能源汽车理实一体化教室	日期	
任务描述	一辆北汽 EV160 纯电动汽车，起动开关置于 ON 位时，屏幕顶部显示"请尽快进行充电"，剩余电量显示 0%，不显示续驶里程，且有故障灯点亮，换档旋钮旋至 D 位，车辆无法行驶。				
任务目的	以行动为导向，引导学生制订计划，按照正确诊断流程诊断和修复故障。在此过程中学习相关理论知识和实践操作技能。				

一、资讯

1. 动力电池异常断开情况分为两种：一种是_____等发生故障导致电能不能从动力电池输出给_____；另一种是_____、动力电池管理系统故障、VCU 故障或_____等导致的_____，认为电池处于某种不正常情况下的动力电池断开。

2. 动力电池异常断开相比较_____的情况，它们的故障点是类似的，但是故障现象较为严重，这种情况下一般需要深入地对故障进行分析和诊断。

3. 当动力电池 BMS 系统故障时，_____不能正确获取动力电池的信息，VCU 会认为_____已经发生故障，从而在_____上显示动力电池异常断开。

4. 当仪表发生故障时，仪表不能正确接收_____的信息，仪表只是按照初始设置，报出故障码，此时也会_____。

5. 车辆 VCU 发生故障时，VCU 能够接收_____信息，但是不能做出正确的处理，而且也不能向_____传递正确的信息，仪表盘接收不到信息，也会按照自身的初设设置显示出_____。

6. 在电动汽车上一般采用四类总线：_____、_____、_____和传统 CAN 总线。

7. 动力电池内部采用内部_____进行通信，将电池信息给_____，_____将其处理后，通过_____总线发送给 VCU，VCU 和仪表盘之间的通信采用_____。

二、计划与决策

请根据故障现象和任务要求，确定所需要的检测仪器、工具，并对小组成员进行合理分工，制订详细的诊断和修复计划。

1. 需要的检测仪器、工具及防护用具

2. 小组成员分工

3. 诊断和修复计划

三、实施

1. 试车

   进行试车，故障现象与客户描述是否一致：_____。

   初步分析_____，导致车辆无法行驶。

2. 检查组合仪表和中控的故障提示

   仪表盘显示情况：_____

   中控显示情况：_____

   声音警告情况：_____

   操作换档旋钮，车辆运行状态：_____

3. 车辆功能检查

   空调系统工作是否正常：_____。

   电动真空泵工作是否正常：_____。

   连接充电枪，观察仪表盘显示情况：_____。

   车载充电机运行灯点亮情况：_____。

   能否正常充电：_____。

4. 车辆基本检查

   关闭起动开关，拆下低压蓄电池负极，打开前机舱盖，穿戴好个人防护用具，检查车辆高压系统、控制单元及线束插头，有无松动、损坏等现象。

   经检查：_____。

5. 连接故障诊断仪读取故障码

   控制单元可否访问：_____。

   有、无故障码：_____。故障码：_____。

6. 查阅电路图，分析故障范围

   查阅电路图，疑似故障点有：_____。

7. 检查 BMS 供电，按照操作过程进行下电操作；

   检查动力电池低压线束插头，检查情况_____。

8. 连接蓄电池负极，利用万用表测量 B 端子电压，检查情况_____

   利用万用表测量 G 端子与搭铁导通，电阻为_____，搭铁情况_____

9. 检查新能源 CAN 总线通信故障

   拆下蓄电池负极，拔下整车控制器插头 B，_____为新能源 CAN-L 线束，将探针及延长线插入整车控制器插头 B 上的_____端子，测量_____端子和动力电池低压线束 R 端子间电阻，测量电阻值约为_____。

   10. 111 端子为新能源 CAN-H 线束，将探针及延长线插入整车控制器插头 B 上的 111 端子，测量整车控制器 VCU/111 端子和动力电池低压线束 P 端子间电阻，测量电阻值为_____

   11. 诊断结论

   综合以上检查及分析，判定故障点为：_____。

四、检查

故障排除后，用故障诊断仪清除故障码，并进行如下检查：

1. 检查仪表及中控是否还有故障提示：_____。

2. 检查高压上电情况：_____。

3. 检查车辆行驶情况：_____。

五、评估

1. 请根据自己任务完成的情况，对自己的工作进行自我评估，并提出改进意见。

1) _____

_____

2) _____

_____

3) _____

_____

2. 工单成绩（总分为自我评价、组长评价和教师评价得分值的平均值）

自我评价	组长评价	教师评价	总分

学习单元 1.4　母线电压/电流显示异常故障的诊断与排除

任务导入

一辆北汽 EV160 纯电动汽车，客户反映停车时显示续驶里程 150km，不开空调，正常行驶 43km 后，提示续驶里程仅有 19km。经检查，动力电池有一组电池组老化，更换动力电池后，故障现象消失，车辆能够正常行驶。

学习目标

1. 能根据母线电压/电流显示异常现象分析故障原因。
2. 能制订母线电压/电流显示异常现象的诊断流程。
3. 能根据故障流程进行母线电压/电流显示异常的故障诊断。

故障原因分析

动力电池母线电压/电流显示异常故障一般情况是由动力电池内部原因导致的。

1. 动力电池母线电压显示异常

动力电池内部的电压检测方式分为两种：一种是对每一个电池单体进行电压检测，这种检测的目的是监测每个单体电池的电压，并将信号汇总到分控盒后通过动力电池内部总线传递给动力电池 BMS，如图 1-4-1 所示。

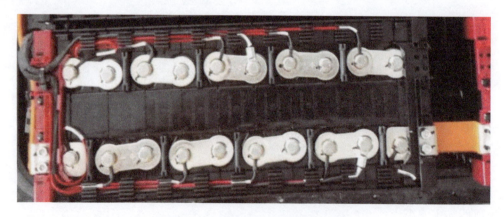

图 1-4-1　电池内部电压检测端子

电压采集的目的是了解当前动力电池中任意一个单体电池的电压情况来判断每个单体电池的充电终止和放电终止条件，防止过充电和过放电，保护电池使用安全。

另一种是对动力电池进行电压监测，监测动力电池的整体电压是否正常。动力电池的电压监测通过电压测量模块进行测量，一般在动力电池输出母线等位置设置。北汽 EV160 的动力电池电压监测采用了三个测量模块，如图 1-4-2 所示。

对于电压的监测，是通过并联连接三个电压传感器 V1、V2 和 V3 来进行测量的。通过三个电压测量模块共同测量,来确定动力电池充放电状态,并能正确测量动力电池电压和外部充电线路电压。

动力电池的容量遵循木桶定律,因此动力电池内部不均衡时,容量取决于电池容量最小的模组,但此时母线电压显示的值为正常值。当电池正常向外放电时,动力电池容量会迅速下降。

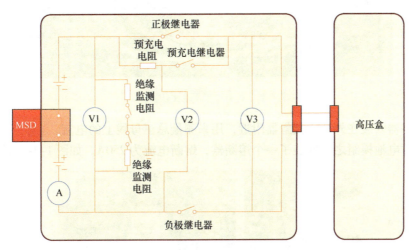

图 1-4-2　北汽 EV160 动力电池电压监测

因此,当发生母线电压显示异常时,一般故障点如图 1-4-3 所示。

当电池内部出现线路虚接时,电池的电压会低于正常电压,此时相当于电池模组在串联的同时串接了电阻,因此动力电池的电压会下降。

当电池的电压传感器出现故障时,也会出现动力电池电压显示异常的现象。这种现象出现的概率较低,因为理论上北汽 EV160 纯电动汽车有三个电压传感器进行电压的测量。但是,也不能排除出现这类故障出现的可能性。

当电池内部不均衡时,动力电池的电压显示的是正常值,但是不能正确反映电池的容量,当动力电池向外输出电能时,电压会迅速地下降。

图 1-4-3　母线电压显示异常时的故障点分析

电池的电压显示异常有时也可能是由于动力电池自身的其他故障,例如动力电池内部的 PTC 出现故障时,电池的温度会上升,此时电池活性上升后,电压也会升高。此时,电压显示的是实际的电池电压,但是此电压值相比正常电压偏高,因此也归属于电压显示异常。

2. 动力电池母线电流显示异常

BMS 基本都具备电流测量功能,BMS 对电流测量的精度要求很高,因为许多 BMS 的剩余电量估算基于电流计算,高精度的电流测量才能够保证高精度的 SOC 计算。EV160 的动力电池的电流监测是通过在主线路中串接电流传感器来进行的,如图 1-4-4 所示。

图 1-4-4　动力电池母线电流传感器

电流传感器安装在外总正接触器附近，用来测量总正母线上的电流。同时在蓄电池模组之间安装了一个熔断器，熔断电流为 250A，如图 1-4-5 所示。

图 1-4-5　电池模组之间串接的 250A 熔断器

主电路中电流变大时，电流表会给 BCU 信号，以提醒 BCU 动力电池或者外部电路可能存在故障，当电流继续增大，则会将熔断器烧断，保护整个电路。

母线电流显示异常的故障点如图 1-4-6 所示。

由图 1-4-6 可以看出，母线电流显示异常的故障点主要有五个。电流传感器是串联在动力电池内部的，因此当电流传感器出现故障时，母线电流会显示异常。为了保护电池，在电池内部串接了 250A 的熔断器，因此当该熔断器断路时，也会出现母线电流显示异常的故障，同时也会报出动力电池断开故障；当动力电池内部不均衡时，会出现电池输出电流下降，车辆进入应急模式的情况。此时，不是电流监测或显示系统出现故障，而是动力电池性能下降导致的；当电池内部虚接时，相当于在电池内部模组之间串接了电阻，此时输出电流减小，

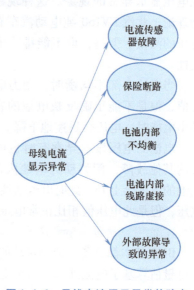

图 1-4-6　母线电流显示异常故障点

因此母线电流也会显示异常。

外部故障导致的电流异常主要是外部用电设备异常，导致用电电流变化，从而出现母线电流异常。例如：当驱动电机运行时，电机突然缺相，会导致电流的突然变化，同样的情形也会发生在空调压缩机突然缺相时，还有一种情况是当电机控制器限流保护电路启动后，电流会被限制在一定范围内，此时母线上的电流也会显示异常。

当车辆发生电池母线电压/电流显示异常时，诊断流程如图 1-4-7 所示。

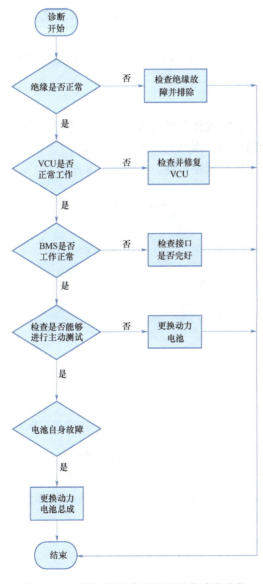

图 1-4-7 母线电压/电流显示异常诊断流程

首先判断是否发生了绝缘故障，因为发生绝缘故障后很容易出现危险情况。因此，需要检查仪表盘绝缘故障指示灯是否点亮。

连接故障诊断仪，测试是否能够正常读取车辆参数，如果不能正常读取，则进行 CAN 总线的检查、VCU 的测试等，判断是否为 VCU 故障或者总线故障。

利用故障诊断仪测试是否能够进入 BMS，如果不能则首先检查动力电池接口是否正常连接，如果不正常连接则连接后判断是否排除故障。动力电池接口正常连接，但是不能正常进入 BMS，则判断 BMS 故障。

如果能够进入 BMS，观察动力电池参数，包括动力电池总电压/总电流是否正常，最高电压和最低电压之间的差值是否符合要求。可进行主动测试，如果不成功，则判断动力电池故障。

如无发现故障，则进行试车，检查是否有电机断相的现象。检查有无空调压缩机断相的现象。

能够进入 BMS，且能够进行主动测试，则判断为动力电池故障，需更换动力电池。

 故障诊断与修复

下面利用上述诊断流程，完成任务导入母线电压/电流显示异常的故障检测诊断与修复。

首先观察仪表并无绝缘报警，因此判断无绝缘故障。

将北汽专用诊断仪与车辆诊断座相连，如图 1-4-8 所示。

图 1-4-8　将北汽专用诊断仪与车辆诊断座相连

连接后打开起动开关，利用故障诊断软件进行快速测试，测试显示，没有故障码。

尝试进入电池管理系统，发现可以正常进入并读取电池信息。但是，电池最高电压为 3.37V，最低电压为 2.58V。判断动力电池内部有单体电池损坏或不均衡。

更换动力电池后，故障消失。

 故障案例分析

将动力电池返厂，用软件读取动力电池参数，读取结果如图 1-4-9 所示。

由图 1-4-9 可以看出，动力电池内部不均衡，第三组电池中有一个单体电池电压为

2.58V，电池电压低于平均电压。因此，动力电池在使用中会有“虚电”现象。

电池电压/Battery Voltage（V） BMS:2/4

组\单元	1/11	2/12	3/13	4/14	5/15	6/16	7/17	8/18	9/19	10/20
第1组	3.27	3.37	3.27	3.37	3.27	3.37	3.27	3.37	3.27	3.37
第1组	3.27	3.37	3.27	3.37	3.27	3.37	3.27	3.37	3.27	3.37
第2组	3.27	3.37	3.27	3.37	3.27	3.37	3.27	3.37	3.27	3.37
第2组	3.27	3.37	3.27	3.37	3.27	3.37	3.27	3.37	3.27	3.37
第3组	3.35	3.25	3.35	2.58	3.35	3.25	3.35	3.25		
第4组	3.35	3.25	3.35	3.25	3.35	3.25	3.35	3.25		
第5组	3.35	3.25	3.35	3.25	3.35	3.25	3.35	3.25		
第6组	3.35	3.25	3.35	3.25	3.35	3.25	3.35	3.25		
第7组	3.35	3.35	3.35	3.35	3.35	3.35	3.35	3.35	3.35	3.35
第7组	3.35	3.35								
第8组	3.35	3.35	3.35	3.35	3.35	3.35	3.35	3.35	3.35	3.35
第8组	3.35	3.35								
第17组	3.35	3.35	3.35	3.35	3.35	3.35	3.35	3.35	3.35	3.35
第18组	3.35	3.35	3.35	3.35	3.35	3.35	3.35	3.35	3.35	3.35

图 1-4-9 利用专用软件读取的动力电池参数

单元小结

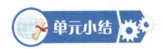

1. 动力电池母线电压/电流显示异常故障一般情况是由动力电池内部原因导致的。

2. BMS 基本都具备电流测量功能，BMS 对电流测量的精度要求很高，因为许多 BMS 的剩余电量估算基于电流计算，高精度的电流测量才能够保证高精度的 SOC 计算。

任务工单1.4

任务名称	母线电压/电流显示异常故障的诊断与排除	学时	4	班级	
学生姓名		学生学号		任务成绩	
实训设备	北汽 EV160 纯电动汽车 4 辆、XK-XNY-EV16061 型六合一实训台 1 台、车间防护用具 4 套、个人防护用具 4 套、绝缘工具 4 套、常用检测仪器设备（万用表、兆欧表等）各 4 套、博世 208 测试线 4 套、充电连接线 2 需 4 套。	实训场地	新能源汽车理实一体化教室	日期	
任务描述	一辆北汽 EV160 纯电动汽车，客户反映停车时显示续驶里程 150km，不开空调，正常行驶 43km 后，提示续驶里程仅有 19km。				
任务目的	以行动为导向，引导学生制订计划，按照正确诊断流程诊断和修复故障。在此过程中学习相关理论知识和实践操作技能。				

一、资讯

1. 动力电池内部的电压检测方式分为两种：一种_____是进行电压检测，这种检测的目的是监测_____的电压，并将信号汇总到_____后通过动力电池内部总线传递给动力电池 BMS；另一种是对_____进行电压监测，监测_____的整体电压是否正常。动力电池的电压监测通过_____进行测量，一般在动力电池输出母线等位置设置。
2. BMS 基本都具备电流测量功能，BMS 对电流测量的精度要求_____，因为许多 BMS 的_____基于电流计算，高精度的电流测量才能够保证高精度的_____计算。
3. 电流传感器安装在_____附近，用来测量_____。
4. 动力电池内部装有熔断器，主电路中电流变大时，电流表会给_____信号，以提醒_____动力电池或者外部电路可能存在故障，当电流继续增大，则会将_____烧断，保护整个电路。
5. 电池电流显示异常的故障点主要有五个，分别为：_____
_____

二、计划与决策

请根据故障现象和任务要求，确定所需要的检测仪器、工具，并对小组成员进行合理分工，制订详细的诊断和修复计划。

1. 需要的检测仪器、工具及防护用具

2. 小组成员分工

3. 诊断和修复计划

三、实施

1. 试车

   进行试车，故障现象与客户描述是否一致：_____。

   初步分析_____，导致车辆无法行驶。

2. 检查组合仪表和中控的故障提示

   仪表盘显示情况：_____

   中控显示情况：_____

   声音警告情况：_____

   操作换档旋钮，车辆运行状态：_____

3. 车辆功能检查

   空调系统工作是否正常：_____。

   电动真空泵工作是否正常：_____。

   连接充电枪，观察仪表盘显示情况：_____。

   车载充电机运行灯点亮情况：_____。

   能否正常充电：_____。

4. 车辆基本检查

   关闭起动开关，拆下低压蓄电池负极，打开前机舱盖，穿戴好个人防护用具，检查车辆高压系统、控制单元及线束插头，有无松动、损坏等现象。

   经检查：_____。

5. 连接故障诊断仪读取故障码

   控制单元能否访问：_____。

   有、无故障码：_____。故障码：_____。

   单体电池最高电压为_____V，最低电压为_____V。

6. 诊断结论

   综合以上检查及分析，判定故障点为：_____。

四、检查

故障排除后，用故障诊断仪清除故障码，并进行如下检查：

1. 检查仪表及中控是否还有故障提示：_____。
2. 检查高压上电情况：_____。
3. 检查车辆行驶情况：_____。

五、评估

1. 请根据自己任务完成的情况，对自己的工作进行自我评估，并提出改进意见。

   1)_____

   2)_____

   3)_____

2. 工单成绩（总分为自我评价、组长评价和教师评价得分值的平均值）

自我评价	组长评价	教师评价	总分

学习情境 2

电机驱动系统常见故障诊断与排除

🟢 学习目标

➢ 能通过与客户交流、查阅相关维修技术资料等方式获取车辆信息。
➢ 能根据故障现象制订正确的诊断流程。
➢ 能正确对电机过热故障进行诊断。
➢ 能正确对电机异响故障进行诊断。
➢ 能正确对电机控制器过热故障进行诊断。
➢ 能正确对电机不工作故障进行诊断。
➢ 能根据故障需求选择正确的诊断和检测设备。
➢ 能根据环保要求，正确处理对环境和人体有害的辅料和损坏的零部件。

学习单元 2.1　电机过热故障的诊断与排除

任务导入

一辆北汽 EV160 纯电动汽车，客户反映车辆上电后仪表盘上有故障灯点亮，READY 指示灯亮，中控显示微度故障。换挡旋钮旋至 D 位，车辆无法行驶。经检查，驱动电机温度传感器信号线断路，修复后故障现象消失。

学习目标

1. 能根据电机过热故障现象分析故障原因。
2. 能制订电机过热的故障诊断流程。
3. 能根据故障流程进行电机过热的故障诊断。

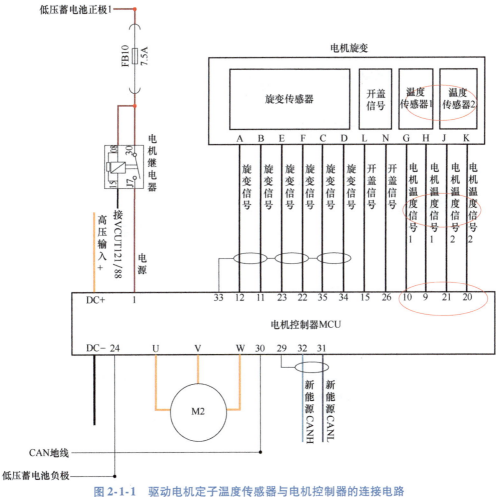

图 2-1-1　驱动电机定子温度传感器与电机控制器的连接电路

 **故障原因分析**

北汽 EV160 纯电动车驱动电机系统在工作中会产生热量，电动水泵带动冷却液在电机及控制器中循环，将热量带到散热器从而散发到空气中。驱动电机定子中有 2 个温度传感器监测电机工作温度，电机控制器根据温度信号及其他相关信号综合控制电机工作，如监测到电机工作温度较高，电机控制器会进行降功率运行，电机工作温度特别高时，电机控制器会停止电机的工作。当电机控制器监测不到电机工作温度信号时，为安全起见，会停止电机的工作，以保护电机驱动系统。驱动电机定子温度传感器与电机控制器的连接电路如图 2-1-1 所示。

导致电机过热的故障原因主要有电机机械故障、电机温度检测回路故障、冷却液不足、散热器风扇不工作、电动水泵不工作、电机负荷过大与电机工作电流过大等，如图 2-1-2 所示。

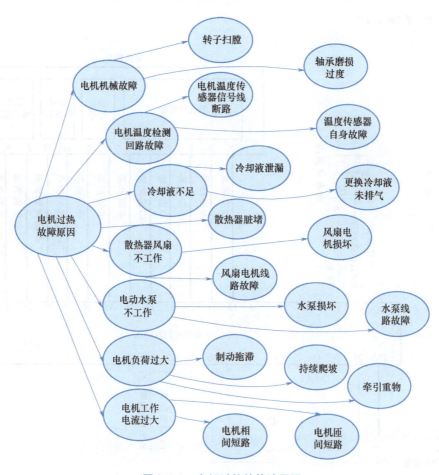

图 2-1-2 电机过热的故障原因

电机过热的故障诊断流程如图 2-1-3 所示。

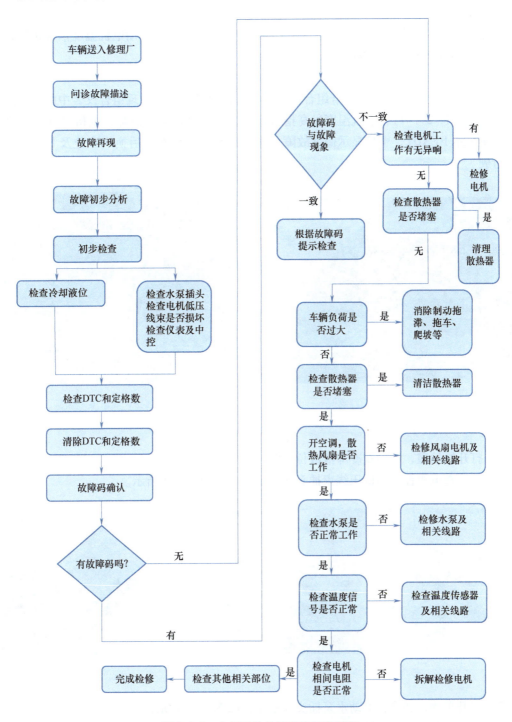

图 2-1-3　电机过热的故障诊断流程图

 **故障诊断与修复**

下面利用上述诊断流程，完成任务导入中电机过热现象故障的检测、诊断与修复。

1. 故障验证

经过试车，故障现象与客户描述一致。经初步检查并分析，驱动电机温度信号错误，导致电机控制器判断电机过热故障。

2. 检查组合仪表及中控的故障提示

根据客户描述的故障现象检查组合仪表和中控的故障提示。发现组合仪表中的系统故障指示灯点亮（图2-1-4）、电机温度过高指示灯亮、驱动电机系统故障、电机冷却液温度过高、车辆显示READY，中控显示微度故障（图2-1-5）。起动车辆后换入D位及R位，无法正常行驶。

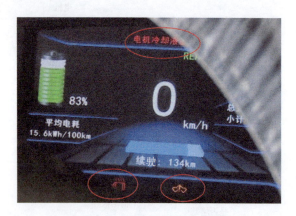

图2-1-4　故障指示灯点亮

图2-1-5　显示微度故障

3. 车辆基本检查

1）打开机舱盖，经检查冷却液液位正常，如图2-1-6所示。

2）经检查电机控制器低压线束插头连接正常，如图2-1-7所示。

图2-1-6　检查冷却液液位

图2-1-7　检查低压线束插头

3）举升车辆，经检查电动水泵插头未松脱，如图2-1-8所示。

4）经检查驱动电机上的低压线束插头未松脱，如图2-1-9所示。

图 2-1-8　检查电动水泵插头

图 2-1-9　检查电机低压线束插头

4. 连接诊断仪检查

将北汽专用诊断仪连接至车辆，故障码显示电机温度检测回路故障（图 2-1-10）、驱动系统过温（图 2-1-11）。故障码显示内容与组合仪表及中控显示信息一致，与电机过温导致车辆无法行驶的现象一致。

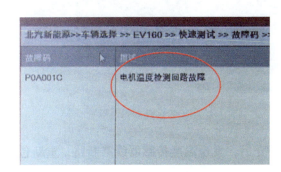

图 2-1-10　电机温度检测回路故障码

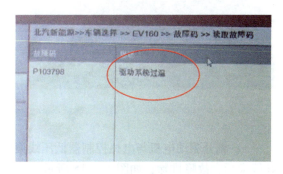

图 2-1-11　驱动系统过温故障码

5. 综合分析

因车辆经放置一段时间后，在冷车状态下重新起动，仍出现客户所描述的故障，所以排除车辆负荷过大、散热器散热不良及水泵不工作等导致的车辆产生热集聚而过温保护的故障。

6．查阅电路图，进行相应检测

1）使用刺破探针检查电机控制器测低压线束中的温度传感器信号线电压，没有信号电压，如图 2-1-12 所示。

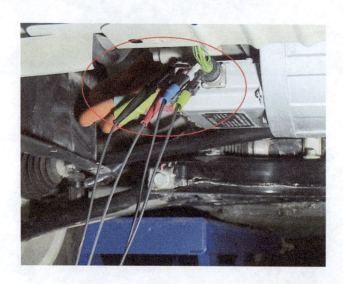

图 2-1-12　检查温度信号电压

2）拔下电机控制器低压线束插头与电机低压线束插头，未发现有退针现象，使用万用表检查驱动电机温度传感器信号线的通断情况，经检查该线路断路，如图 2-1-13 和图 2-1-14 所示。

图 2-1-13　检查电机控制器低压线束插头　　　图 2-1-14　检查电机低压线束插头

3）剥开驱动电机与电机控制器低压线束的外壳后，发现温度传感器线路断路，重新包扎线束后，故障排除，如图 2-1-15 所示。

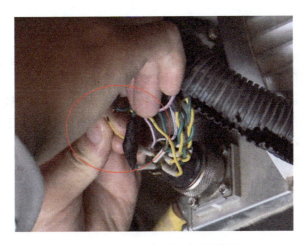

图 2-1-15　包扎电机温度信号线束

故障案例分析

北汽 EV160 纯电动汽车通过驱动电机定子中的 2 个温度传感器监测电机工作温度，该信号通过驱动电机与电机控制器低压线束传递到电机控制器，若信号线断路或短路，电机控制器接收不到正常温度反馈信号，为安全起见，会报告电机过热故障，在组合仪表与中控台上均有电机过热相关故障显示。

拓展试验

故障设置：断开一相电机控制器直流母线。

故障现象：仪表盘显示电池断开故障灯亮、电池故障灯亮、系统故障灯亮、显示动力蓄电池故障。中控显示：微度故障。不显示“READY”，不能正常行驶。

故障诊断仪：无故障码显示，如图 2-1-16 所示。

北汽新能源>>车辆选择 >> EV160 >> 快速测试

名称	当前值
整车控制器(VCU)	OK
驱动电机系统(MCU)	OK
动力电池系统(BMS PPST)	OK
组合仪表(ICM)	OK
车载充电机(CHG)	N/A
动力电池系统(BMS BESK)	OK
远程监控系统(RMS)	OK
电动助力转向系统(EPS)	OK
中控信息娱乐系统(EHU)	N/A
车身电控模块(BCM)	3 DTC

提示

请完成车辆信息的选择直到[下一步]按钮可用。

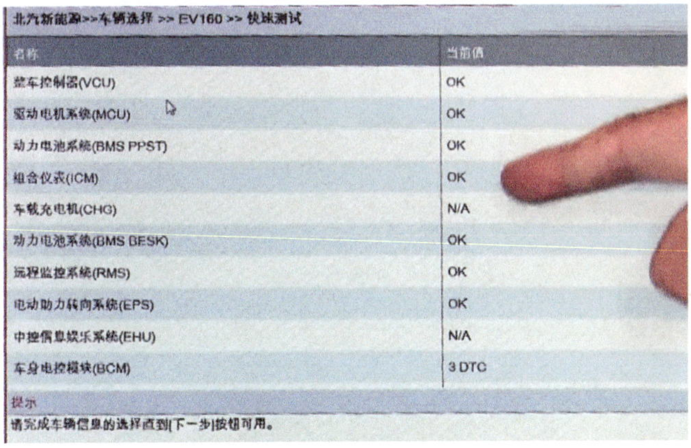

图 2-1-16　无故障码显示

单元小结

1. 北汽 EV160 纯电动汽车电机系统工作中会产生热量，冷却液通过电动水泵的带动在电机及控制系统中循环，带走电机及控制系统产生的热量。

2. 在驱动电机的定子中，埋设有 2 个温度传感器，用来监测电机定子工作温度，当电机控制器监测到电机定子温度过高时，会降功率运行，严重时会导致电机停止运转。

3. 导致电机过热故障的原因主要有电动水泵故障、冷却液不足、冷却风扇工作不良、负荷过大、电机温度监测回路故障等。

任务工单 2.1

任务名称	电机过热故障的诊断与排除	学时	4	班级	
学生姓名		学生学号		任务成绩	
实训设备、工具及仪器	北汽 EV160 纯电动汽车 4 辆、XK-XNY-EV16061 型六合一实训台 1 台、车间防护用具 4 套、个人防护用具 4 套、绝缘工具 4 套、常用检测仪器设备（万用表、兆欧表、专用故障诊断仪等）各 4 套、博世 208 测试线 4 套。	实训场地	新能源汽车理实一体化教室	日期	
任务描述	一辆北汽 EV160 纯电动汽车，客户反映上电后仪表盘上有故障灯点亮，显示 READY 指示灯，中控显示微度故障。换档旋钮旋至 D 位，车辆无法行驶。				
任务目的	请根据任务要求，安全、规范地检测与修复驱动电机过热故障。				

一、资讯

1. 北汽 EV160 纯电动汽车驱动电机系统在工作中会产生_____，电动水泵带动冷却液在_____及控制器中循环，将_____带到_____散发到空气中。

2. 驱动电机_____中有____个温度传感器监测电机工作温度。

3. 电机控制器根据_____信号及其他相关信号综合控制电机工作，如监测到电机_____较高，电机控制器会进行_____，电机工作温度特别高时，电机控制器会_____的工作。

4. 当电机控制器监测不到电机工作信号时，为安全起见，会停止_____的工作，以保护_____系统。

5. 导致电机过热故障的原因主要有_____、电机温度检测回路故障、_____、散热器风扇不工作、_____不工作、电机负荷过大与电机_____过大等。

6. 从北汽 EV160 纯电动汽车上找到电机温度传感器与电机控制器连接信号线，并说明其工作原理。

_____
_____
_____
_____
_____
_____
_____
_____
_____
_____
_____
_____
_____

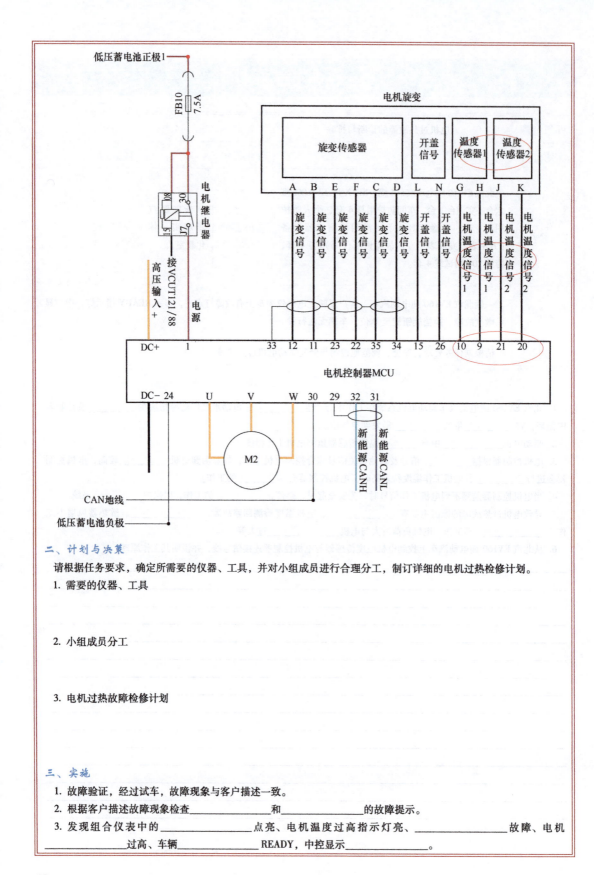

二、计划与决策

请根据任务要求,确定所需要的仪器、工具,并对小组成员进行合理分工,制订详细的电机过热检修计划。

1. 需要的仪器、工具

2. 小组成员分工

3. 电机过热故障检修计划

三、实施

1. 故障验证,经过试车,故障现象与客户描述一致。
2. 根据客户描述故障现象检查_____和_____的故障提示。
3. 发现组合仪表中的_____点亮、电机温度过高指示灯亮、_____故障、电机_____过高、车辆_____READY,中控显示_____。

4. 起动车辆后换入＿＿＿＿＿＿＿＿位及＿＿＿＿＿＿＿＿位，无法正常行驶。
5. 打开机舱盖，经检查冷却液＿＿＿＿＿＿正常。
6. 经检查电机控制器＿＿＿＿＿＿＿＿插头连接正常。
7. 举升车辆，经检查＿＿＿＿＿＿插头＿＿＿＿＿＿松脱。
8. 经检查驱动电机上的＿＿＿＿＿＿＿＿插头未松脱。
9. 将北汽专用诊断仪连接至车辆，故障码显示＿＿＿＿＿＿＿故障、＿＿＿＿＿＿＿。
10. 故障码显示内容与组合仪表及中控显示信息＿＿＿＿＿，与电机过温导致车辆无法行驶的现象＿＿＿＿。
11. 使用＿＿＿＿＿检查电机控制器侧低压线束中的＿＿＿＿＿信号线电压，＿＿＿＿＿信号电压。
12. 拔下电机控制器低压线束插头与电机低压线束插头，＿＿＿＿＿＿发现有退针现象，使用万用表检查驱动电机温度传感器信号线的＿＿＿＿＿＿＿情况，经检查该线路＿＿＿＿＿＿。
13. 剥开驱动电机与电机控制器低压线束的外壳后，发现温度传感器线路＿＿＿＿＿＿，＿＿＿＿＿＿线束后，故障＿＿＿＿＿＿。

通过上述过程，请总结电机过热故障检测过程中需要注意的事项：
1) ＿＿＿
2) ＿＿＿
3) ＿＿＿

四、检查
检测电机过热故障并进行如下检查：
1. 检查电机低压线束插头：＿＿＿＿＿＿＿＿＿＿＿＿＿＿＿＿＿＿＿。
2. 检查电机控制器低压线束插头与电机低压线束插头：＿＿＿＿＿＿＿＿＿＿＿＿。
3. 检查线束包扎情况：＿＿＿＿＿＿＿＿＿＿＿＿＿＿＿。
4. 检查电动水泵插头：＿＿＿＿＿＿＿＿＿＿＿＿＿＿＿。

五、评估
1. 请根据自己任务完成的情况，对自己的工作进行自我评估，并提出改进意见。
1) ＿＿＿
＿＿
2) ＿＿＿
＿＿
3) ＿＿＿
＿＿
2. 工单成绩（总分为自我评价、组长评价和教师评价得分值的平均值）

自我评价	组长评价	教师评价	总分

 学习单元2.2　电机异响故障的诊断与排除

任务导入

一辆北汽EV160纯电动汽车，客户反映打开起动开关换入D位，驱动电机发出隆隆的响声，车辆无法行驶。组合仪表显示READY，组合仪表和中控无任何故障显示。经检查，电机控制器三相动力输出线束中有一相断路，重新连接安装后故障排除。

学习目标

1. 能根据电机异响的故障现象分析故障原因。
2. 能制订电机异响的故障诊断流程。
3. 能根据故障流程进行电机异响的故障诊断。

故障原因分析

北汽EV160纯电动汽车装备的是三相交流永磁同步电机，转子是永磁体，需要定子产生旋转磁场，牵引转子转动。电机定子三相绕组中需要通入三相交流电，如电机定子输入缺少一相，就无法形成定子旋转磁场，无法牵引电机起步。剩余两相定子绕组交替产生定子磁场，对转子产生吸引，引起转子振动及定子绕组与铁心的振动，产生异响。

导致电机异响故障的原因在机械方面主要有转子扫膛、转子轴承磨损、转子轴承过松或过紧、转子动不平衡、紧固件松动；在电气方面的故障主要有电机缺相运行、绕组短路造成的电流不平衡、相绕组断路等，如图2-2-1所示。

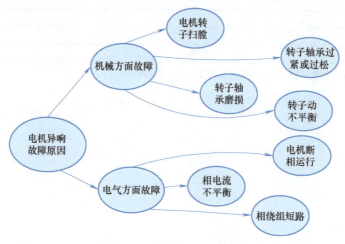

图2-2-1　电机异响故障原因

故障诊断流程

电机异响的故障诊断流程如图2-2-2所示，应严格按照图2-2-2所示的流程进行电机异

响故障的排除。

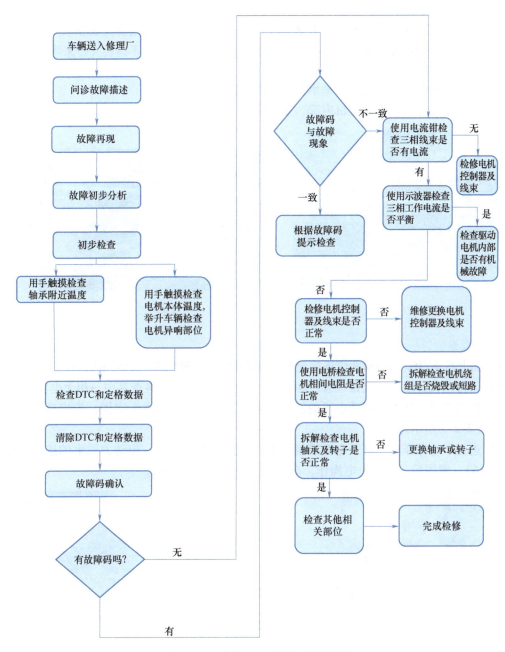

图 2-2-2　电机异响故障诊断流程图

故障诊断与修复

利用上述诊断流程，完成任务导入中电机异响现象故障的检测、诊断与修复。

1. 故障验证

经过试车，故障现象与客户描述一致。经初步检查并分析，驱动电机可能存在断相运行，导致驱动电机转子及定子绕组及铁心振动，产生异响。

2. 检查组合仪表及中控的故障提示

根据客户描述故障现象检查组合仪表和中控的故障提示。发现组合仪表显示 READY，组合仪表与中控无任何故障显示（图 2-2-3），起动后挂入 D 位，电机不运转并传来隆隆的响声。

3. 车辆基本检查

1）举升车辆，用手触摸电机轴承处，没有温度过高现象。

2）异响的声音来自驱动电机内部，如图 2-2-4 所示。

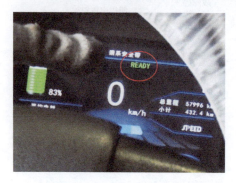

图 2-2-3　仪表无故障显示

图 2-2-4　检查异响来源

4. 连接诊断仪检查

1）将北汽 EV160 专用诊断仪连接至车辆诊断接口，诊断仪显示驱动电机系统无故障码。

2）运行电机，使用电流钳检查三相动力线是否有电流，经检查其中一相无电流。

3）检查电机控制器至驱动电机的三相动力线，经检查线束插头牢固，未出现松动及破损，如图 2-2-5 所示。

4）进行下电操作后，打开电机控制器上盖，经检查发现有一相动力线束的连接处松动（图 2-2-6），紧固后，完成上电操作，车辆恢复正常，故障排除。

图 2-2-5　检查三相动力线束连接

图 2-2-6　紧固电机控制器内动力线束

故障案例分析

北汽 EV160 纯电动汽车装备三相交流永磁同步电机，电机控制器与驱动电机之间采用三相动力线束连接，电机控制器内部的 IGBT 模块通过导电条和固定螺栓将三相交流电输入电机的三相动力线束。IGBT 输出部分其中一相的导电条固定螺栓松脱，导致驱动电机缺相故障，电机定子无法产生旋转磁场，电机无法起步。由于定子绕组连续产生两个方向相反的磁场，电机转子和定子绕组及铁心产生振动发出异响。

故障设置：断开电机控制器开盖信号开关插头。

故障现象：仪表盘及中控无任务故障显示，车辆正常行驶。

故障诊断仪：故障码显示电机系统高压暴露故障，如图 2-2-7 所示。

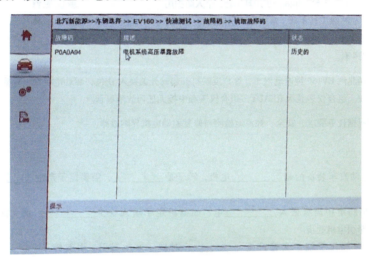

图 2-2-7　电机系统高压暴露故障

1. 北汽 EV160 纯电动汽车装备的是三相交流永磁同步电机，转子是永磁体，需要定子产生旋转磁场，牵引转子转动。

2. 电机定子三相绕组中需要通入三相交流电，如电机定子输入缺少一相，就无法形成定子旋转磁场，无法牵引电机起步。

3. 剩余两相定子绕组交替产生定子磁场，对转子产生吸引，引起转子振动及定子绕组与铁心的振动，产生异响。

任务工单2.2

任务名称	电机异响故障的诊断与排除	学时	4	班级	
学生姓名		学生学号		任务成绩	
实训设备、工具及仪器	北汽EV160纯电动汽车4辆、XK-XNY-EV16061型六合一实训台1台、车间防护用具4套、个人防护用具4套、绝缘工具4套、常用检测仪器设备（万用表、兆欧表、专用故障诊断仪等）各4套、博世208测试线4套。	实训场地	新能源汽车理实一体化教室	日期	
任务描述	一辆北汽EV160纯电动汽车，客户反映打开起动开关换入D位，驱动电机发出隆隆的响声，车辆无法行驶。组合仪表显示READY，组合仪表和中控无任何故障显示。				
任务目的	请根据任务要求，安全、规范地检测与修复驱动电机异响故障。				

一、资讯

1. 北汽EV160电动汽车装备的是_____电机，转子是_____，需要定子产生_____，牵引转子转动。
2. 电机定子三相绕组中需要通入_____电，如电机定子输入缺少_____，就无法形成定子旋转_____，无法牵引电机起步。
3. 剩余_____相定子绕组交替产生_____，对转子产生吸引，引起转子_____及定子绕组与_____的振动，产生异响。
4. 导致电机异响故障的原因在机械方面主要有转子_____、转子轴承_____、转子轴承过松或过紧、转动_____、紧固件_____。
5. 电气方面故障主要有电机_____运行、绕组短路造成的电流_____、相绕组_____等。
6. 根据电机异响故障原因，画出电机异响故障诊断流程图。

```
                         ┌─ 电机转子扫膛
                         │
         ┌─ 机械方面故障 ─┼─ 转子轴承过紧或过松
         │               │
         │               ├─ 转子轴承磨损
电机异响 │               │
故障原因─┤               └─ 转子动不平衡
         │
         │               ┌─ 电机缺相运行
         │               │
         └─ 电气方面故障 ─┼─ 相电流不平衡
                         │
                         └─ 相绕组短路
```

二、计划与决策

请根据任务要求，确定所需要的仪器、工具，并对小组成员进行合理分工，制订详细的电机异响检修计划。

1. 需要的仪器、工具

2. 小组成员分工

3. 电机异响故障检修计划

三、实施

1. 故障验证，经过试车，故障现象与客户描述一致。
2. 根据客户描述故障现象检查_____和_____的故障提示。
3. 发现组合仪表_____READY，组合仪表与中控_____故障显示，起动后挂入D位，电机_____运转并_____的响声。
4. 举升车辆，用手触摸电机_____处，_____温度过高现象。
5. 异响的声音来自驱动电机_____。
6. 将北汽EV160专用诊断仪连接至车辆诊断接口，诊断仪显示驱动电机系统_____故障码。
7. 运行电机，使用_____检查三相动力线是否有电流，经检查其中_____电流。
8. 检查电机控制器至驱动电机的三相动力线，经检查线束插头_____，_____出现松动及破损。
9. 进行下电操作后，打开电机控制器_____，经检查发现有_____动力线束的连接处松动，_____后，完成上电操作，车辆恢复正常，故障排除。

通过上述过程，请总结电机异响故障检测过程中需要注意的事项：

1) _____
2) _____
3) _____

四、检查

检测电机异响故障并进行如下检查：

1. 检查电机三相动力线束连接：_____。
2. 检查电机轴承处温度：_____。
3. 检查三相动力线电流：_____。
4. 检查电机控制器内三相动力线紧固情况：_____。

五、评估

1. 请根据自己任务完成的情况，对自己的工作进行自我评估，并提出改进意见。

1) _____

2) _____

3) _____

2. 工单成绩（总分为自我评价、组长评价和教师评价得分值的平均值）

自我评价	组长评价	教师评价	总分

学习单元 2.3　电机控制系统故障的诊断与排除

任务导入

一辆北汽 EV160 纯电动汽车,客户反映打开起动开关后组合仪表上有多个故障灯点亮;中控显示微度故障,车辆不显示 READY,换入 D 位,车辆无法行驶。经检查,电机控制器驱动板与控制板之间连接线束松脱,重新插接后,完成上电操作,车辆恢复正常,故障排除。

学习目标

1. 能根据电机系统的故障现象分析故障原因。
2. 能制订电机系统的故障诊断流程。
3. 能根据故障流程进行电机系统的故障诊断。

故障原因分析

北汽 EV160 纯电动汽车电机控制器中有两块主要的电路板,分别是驱动板和控制板。驱动板用来把直流高压电逆变为三相交流电驱动电机运转(能量回收时方向相反),将三相电流数值信号与驱动板温度信号等发送给控制板,同时接受控制板的控制。控制板用来采集电机的温度、转速、转子位置、电流等工作状态信号,通过 CAN 通信网络与 VCU 等外界控制单元通信,根据 VCU 的加速踏板及档位信号和动力电池 BMS 的电池状态信号等控制电机工作。当驱动板与控制板之间的连接线束松脱时,控制板无法接收到驱动板传来的三相电流、驱动板温度等信号,驱动板也无法接收到控制板的控制信号,电机控制系统瘫痪。控制板与驱动板如图 2-3-1 和图 2-3-2 所示。

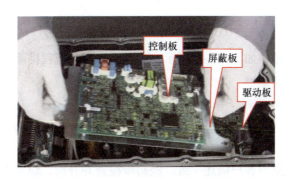

图 2-3-1　电机控制器控制板

导致电机系统故障的原因主要有驱动板与控制板通信中断、电机转子位置信号故障、驱动板损坏、温度信号故障、三相输出电流传感器故障、驱动板损坏、控制板损坏等,如图 2-3-3 所示。

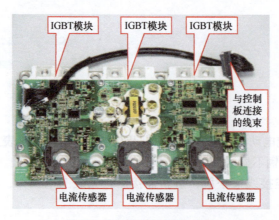

图 2-3-2　电机控制器驱动板

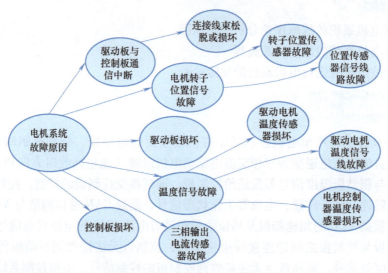

图 2-3-3　电机系统故障原因

电机系统故障诊断流程如图 2-3-4 所示,应严格按照此流程排除电机系统的故障。

利用上述诊断流程,完成任务导入中电机系统故障现象故障的检测、诊断与修复。

1. 故障验证

经过试车,故障现象与客户描述一致。经初步检查并分析,驱动电机控制器通信部分出现故障,导致电机控制系统各类信号丢失,集中反应在组合仪表和中控台上。

2. 检查组合仪表及中控的故障提示

根据客户描述故障现象检查组合仪表和中控的故障提示。发现组合仪表显示驱动电机系统故障、动力蓄电池故障(图 2-3-5)、动力电池故障灯点亮、动力电池断开故障灯点亮、系统故障灯亮(图 2-3-6);中控显示微度故障。

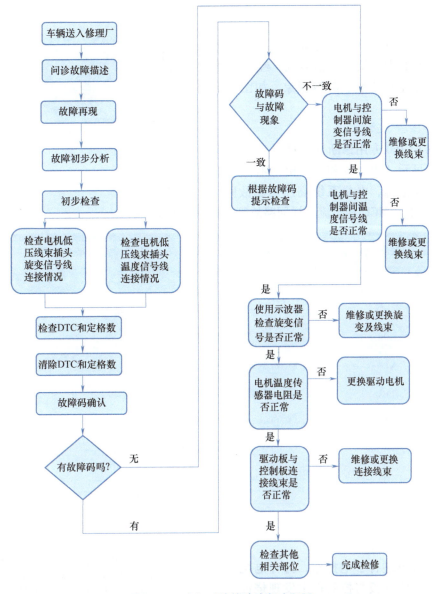

图 2-3-4　电机系统故障诊断流程图

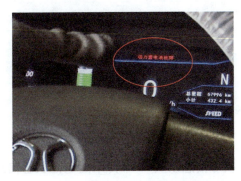

图 2-3-5　显示动力蓄电池故障

图 2-3-6　组合仪表显示故障灯

3. 车辆基本检查

举升车辆，检查驱动电机低压线束插头处的旋变信号线及驱动电机温度信号线，经检查插头处的信号线未出现松脱、断裂现象，如图2-3-7所示。

4. 连接诊断仪检查

将北汽EV160专用诊断仪连接至车辆诊断接口，诊断仪显示A相、B相、C相、MCU、IGBT温度检测回路故障，电机系统高压暴露故障，A相、B相、C相、MCU相电流采样回路故障，如图2-3-8所示。

图2-3-7 检查电机低压线束插头

故障码	描述
P11821C	MCU IGBT温度检测回路故障（C相）
P0A0A94	电机系统高压暴露故障
P118A12	MCU相电流采样回路故障（A相）
P118B12	MCU相电流采样回路故障（B相）
P118C12	MCU相电流采样回路故障（C相）
P11801C	MCU IGBT温度检测回路故障（A相）
P11811C	MCU IGBT温度检测回路故障（B相）

图2-3-8 读取电机系统故障码

5. 相关线路排查

按操作规范进行下电操作，打开电机控制器上盖，驱动板与控制板未发现烧蚀现象，驱动板与控制板之间连接线束松脱，重新插接后（图2-3-9），完成上电操作，车辆恢复正常，故障排除。

故障案例分析

北汽EV160纯电动汽车电机控制器中的驱动板需要将电机三相输出工作电流、驱动板温度等信号传送给控制板，控制板

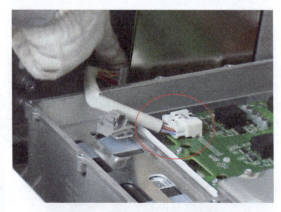

图2-3-9 连接驱动板与控制板线束

需要综合电机工作状态信息与VCU传来的加速踏板等信息以及BMS传来的电池状态信息等来控制驱动板工作。当控制板与驱动板连接线束松脱，控制板无法接收到驱动板的工作

状态信息，也无法与驱动板进行通信与控制，组合仪表与中控台会显示一系列的电机系统故障码。

故障设置：断开电机控制器低压线束。

故障现象：组合仪表不显示 READY、组合仪表系统故障灯亮、高压电池断开故障灯亮、中控显示微度故障，车辆无法正常行驶。

故障诊断仪：与 MCU 通信丢失，如图 2-3-10 所示。

图 2-3-10　与 MCU 通信丢失

1. 北汽 EV160 纯电动汽车电机控制器中有两块主要的电路板，分别是驱动板和控制板。

2. 驱动板用来把直流高压电逆变为三相交流电驱动电机运转（能量回收时方向相反），将三相电流数值信号与驱动板温度信号等发送给控制板，同时接受控制板的控制。控制板用来采集电机的温度、转速、转子位置、电流等工作状态信号，通过 CAN 通信网络与 VCU 等外界控制单元通信，根据 VCU 的加速踏板及档位信号和动力电池 BMS 的电池状态信号等控制电机工作。

3. 当驱动板与控制板之间的连接线束松脱时，控制板无法接收到驱动板传来的三相电流、驱动板温度等信号，驱动板也无法接收到控制板的控制信号，电机控制系统瘫痪。

任务工单 2.3

任务名称	电机系统故障的诊断与排除	学时	4	班级	
学生姓名		学生学号		任务成绩	
实训设备、工具及仪器	北汽 EV160 纯电动汽车 4 辆、XK-XNY-EV16061 型六合一实训台 1 台、车间防护用具 4 套、个人防护用具 4 套、绝缘工具 4 套、常用检测仪器设备（万用表、兆欧表、专用故障诊断仪等）各 4 套、博世 208 测试线 4 套。	实训场地	新能源汽车理实一体化教室	日期	
任务描述	一辆北汽 EV160 纯电动汽车，客户反映打开起动开关后组合仪表上有多个故障灯点亮；中控显示微度故障，车辆不显示 READY，换入 D 位，车辆无法行驶。				
任务目的	请根据任务要求，安全、规范地检测与修复驱动电机系统故障。				

一、资讯

1. 北汽 EV160 纯电动汽车电机控制器中有两块主要的电路板，分别是_____板和_____板。
2. 驱动板用来把_____电逆变为_____电驱动电机运转（能量回收时方向相反），将三相电流与驱动板信号等发送给控制板，同时接受控制板的控制。
3. 控制板用来采集电机的_____、转速、转子_____、电流等工作状态信号，通过 CAN 通信网络与_____等外界控制单元通信，根据 VCU 的_____及档位信号和动力电池_____的电池状态信号等控制电机工作。
4. 当驱动板与控制板之间的连接线束_____时，控制板无法接收到驱动板传来的_____、驱动板_____等信号，驱动板也无法接收到控制板的控制信号，电机控制系统_____。
5. 导致电机系统故障的原因主要有驱动板与控制板通信中断、电机_____传感器及信号线路故障、_____模块损坏、驱动电机温度传感器及信号线故障、电机控制器_____传感器及线路故障、三相输出_____传感器故障、驱动板损坏、控制板损坏等。
6. 根据电机系统故障原因，写出电机系统故障诊断流程图。

二、计划与决策

请根据任务要求，确定所需要的仪器、工具，并对小组成员进行合理分工，制订详细的电机系统故障检修计划。
1. 需要的仪器、工具

2. 小组成员分工

3. 电机系统故障检修计划

三、实施

1) 故障验证，经过试车，故障现象与客户描述一致。
2) 根据客户描述的故障现象，检查_____和_____的故障提示。
3) 发现组合仪表显示驱动电机系统故障、_____故障、动力电池故障灯点亮、动力电池断开故障灯点亮、_____灯亮；中控显示_____故障。
4) 举升车辆，检查驱动电机低压线束插头处的_____信号线及驱动电机_____信号线，经检查插头处的信号线_____松脱、断裂现象。
5) 将北汽 EV160 专用诊断仪连接至车辆诊断接口，诊断仪显示 A 相、B 相、C 相、_____、IGBT 温度检测回路故障，_____故障，A 相、B 相、C 相、MCU 相故障。
6) 按操作规范进行下电操作，打开电机控制器_____，驱动板与控制板_____烧蚀现象，驱动板与控制板之间连接线束_____，重新插接后，完成上电操作，车辆恢复正常，故障排除。

通过上述过程，请总结电机系统故障检测过程中需要注意的事项：
1) _____
2) _____
3) _____

四、检查

检测电机过热故障并进行如下检查：
1. 检查连接驱动板与控制板线束：_____。
2. 检查驱动电机低压线束插头：_____。
3. 检查驱动板与控制板情况：_____。

五、评估

1. 请根据自己任务完成的情况，对自己的工作进行自我评估，并提出改进意见。
1) _____
_____
2) _____
_____
3) _____
_____

2. 工单成绩（总分为自我评价、组长评价和教师评价得分值的平均值）

自我评价	组长评价	教师评价	总分

学习情境 3

纯电动汽车综合故障诊断与排除

> **学习目标**
>
> ➢ 能通过与客户交流、查阅相关维修技术资料等方式获取车辆信息。
> ➢ 能根据故障现象制订正确的诊断流程。
> ➢ 能正确对绝缘故障进行诊断。
> ➢ 能正确对 VCU 通信故障进行诊断。
> ➢ 能正确对车辆高压不上电故障进行诊断。
> ➢ 能正确对车辆仪表无显示故障进行诊断。
> ➢ 能正确对车辆续驶里程过短故障进行诊断。
> ➢ 能正确对车辆无法加速故障进行诊断。
> ➢ 能正确对车辆无法行驶故障进行诊断。
> ➢ 能根据故障需求选择正确的诊断和检测设备。
> ➢ 能根据环保要求，正确处理对环境和人体有害的辅料和损坏的零部件。

学习单元 3.1 绝缘故障的诊断与排除

一辆北汽 EV160 纯电动汽车,客户反映打开起动开关后听到"滴滴滴"的报警声音,仪表盘上部显示"绝缘故障",仪表盘下部多个故障灯点亮,不显示 READY,中控显示中度故障,换档旋钮旋至 D 位或 R 位,车辆均无法行驶。经检查,电机控制器与高压控制盒之间的高压正极直流母线对车身存在漏电故障,更换高压线束后故障现象消失。

1. 能根据车辆绝缘故障的现象分析故障原因。
2. 能制订车辆绝缘故障的诊断流程。
3. 能根据故障流程进行车辆绝缘故障的诊断。

纯电动汽车由动力电池提供电量给电机,进而驱动车辆行驶。动力电池的输出电压大部分都在 DC 72V 至 DC 600V 之间,甚至更高。根据《GB/T 3805—2008 安全电压》的要求,人体的安全电压一般是指不致使人直接致死或致残的电压,一般环境条件下允许持续接触的"安全特低电压"是 DC 36V。电动汽车动力电池输出的直流电压区间已远远超过了该安全电压。因此,国家的电动汽车安全要求标准对人员的触电防护提出了明确的要求,其中包括对绝缘电阻值的最低要求。根据 GB/T 18384.3—2015《电动汽车安全要求》第 3 部分:人员触电防护第 6.7.1 条规定,在最大工作电压下,直流电路绝缘电阻的最小值应至少大于 100Ω/V,交流电路应至少大于 500Ω/V。

车辆的绝缘状态一般由电池管理系统 BMS 来检测,当检测到的绝缘电阻值低于系统设定的最低绝缘阻值时,BMS 将生成故障码,并与整车控制器通信,由组合仪表或中控显示屏来进行声音报警、文字提示和故障灯报警,同时封锁动力电池高压输出,使高压断电。当车辆出现绝缘报警时,表示此时车辆出现了绝缘故障,必须马上进行故障排查,以免出现人身安全事故。

北汽 EV160 纯电动汽车动力电池额定电压为 320V,前机舱内主要的高压部件和线束如图 3-1-1 所示。

北汽 EV160 纯电动汽车高压系统简图如图 3-1-2 所示。由图可知,北汽 EV160 纯电动车高压部件有动力电池箱(内部有高压正、负极接触器)、高压控制盒、电机控制器、驱动电机、快充口、慢充口以及四个高压辅件(电动空调压缩机、DC/DC 转换器、空调 PTC 加热器、车载充电机)。连接这些高压部件的高压线束共有 6 段,如图 3-1-2 中①~⑥所示。

第①段,动力电池高压线束:连接动力电池与高压控制盒,为高压主供电线束,如图 3-1-3 所示,接高压盒的插头 A 端子为高压负极,B 端子为高压正极;接动力电池的

1端子为高压负极，2端子为高压正极。

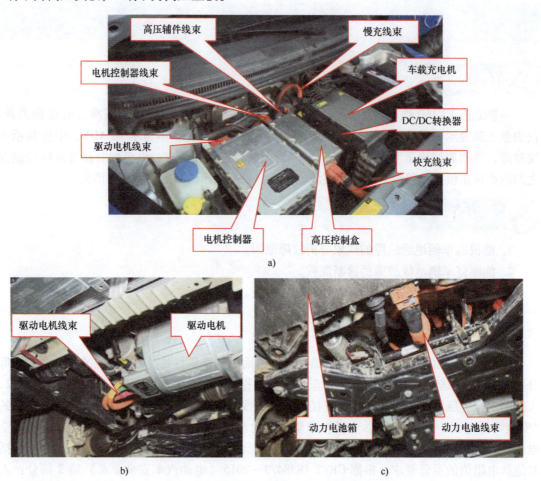

图 3-1-1　北汽 EV160 纯电动汽车高压部件及线束

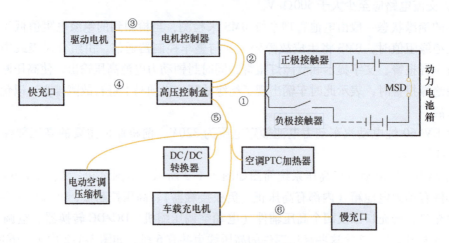

图 3-1-2　北汽 EV160 纯电动汽车高压系统简图

第②段，电机控制器高压线束：连接高压控制盒与电机控制器，为主用电线束，如

图 3-1-4 所示，接高压盒的插头 A 端子为高压负极，B 端子为高压正极；线束另一端的两个插头分别接在电机控制器的高压直流输入正、负极上。

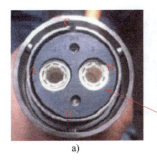 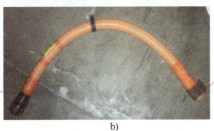 

a)   b)   c)

图 3-1-3   动力电池高压线束

a) 接高压盒   b) 动力电池高压线束   c) 接动力电池

图 3-1-4   电机控制器高压线束

第③段，驱动电机高压线束：连接电机控制器与驱动电机，为 U、V、W 三相线束，如图 3-1-5 所示，黄色为 U 相，绿色为 V 相，红色为 W 相。

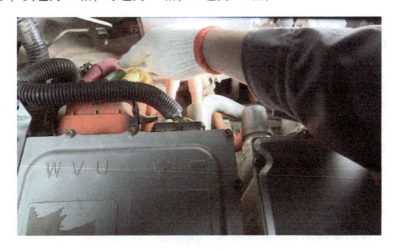

图 3-1-5   驱动电机高压线束

第④段，快充线束：连接快充口与高压控制盒，如图 3-1-6 所示，接高压盒的插头 1 端子为高压负极，2 端子为高压正极。

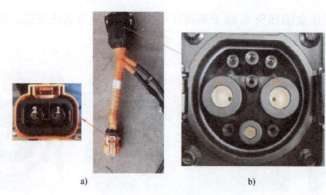

图 3-1-6 快充高压线束
a) 接高压盒 b) 快充口

第⑤段，高压辅件线束（总成）：连接高压控制盒到电动空调压缩机、DC/DC 转换器、空调 PTC 加热器、车载充电机，如图 3-1-7 所示。其中图 3-1-7b 为高压辅件线束高压控制盒端插头的端子定义，各高压辅件插头端子定义详见维修手册。

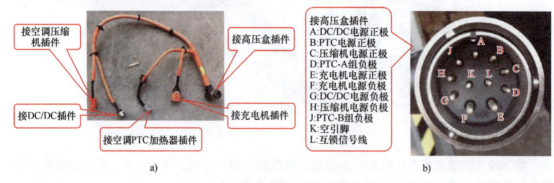

图 3-1-7 高压辅件线束及部分端子定义
a) 高压辅件线束 b) 端子定义

第⑥段，慢充线束：连接慢充口与车载充电机，如图 3-1-8 所示，接车载充电机的插头 1 端子为 L（220V 交流电源），2 端子为 N（220V 交流电源）。

高压控制盒内有高压熔断器和继电器，完成对动力电池高压电的分配以及对支路高压用电设备的保护；空调 PTC 控制板完成对空调加热器的加热模式及温度的控制。高压控制盒外部结构和内部结构如图 3-1-9 所示。

由高压系统组成及绝缘检测原理可知，导致车辆绝缘故障的原因主要是高压系统故障和 BMS 绝缘检测系统故障。当车辆的高压系统发生绝缘故障时，说明高压部件、高压线束及插接器出现了绝缘电阻过低的情况，需要对高压系统进行相关检查。北

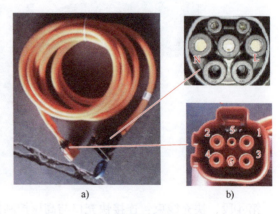

图 3-1-8 慢充高压线束
a) 慢充线束 b) 插头定义

汽 EV160 纯电动汽车绝缘检测系统无法对绝缘故障点进行定位，需要进行逐步的人工排查。车辆绝缘故障的可能原因如图 3-1-10 所示。

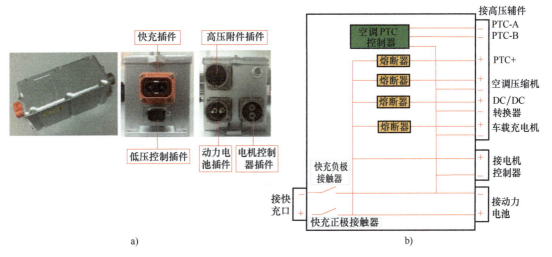

图 3-1-9　高压控制盒
a）高压控制盒外部结构　b）高压控制盒内部结构

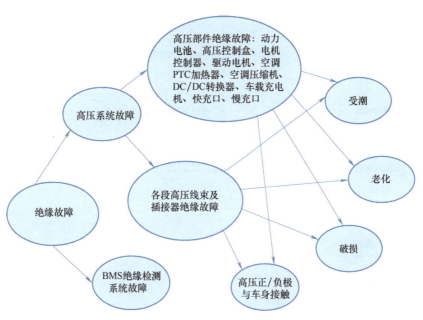

图 3-1-10　绝缘故障的可能原因

故障诊断流程

绝缘故障诊断可参照图 3-1-11 所示诊断流程：在初步检查过程中，通过对仪表和中控显示信息的检查，可以获得故障提示信息；车辆的基本检查，包括碰撞、裂痕、进水、控制单元或部件明显损坏、插接件松动或损坏、油液泄漏等。通过对车辆进行快速的初步检查，结合故障现象可以对故障原因做出初步判断。

可使用万用表、兆欧表、放电工装、故障诊断仪等检测仪器设备或工具，完成绝缘故障相关的检查项目。在进行绝缘检查时，一定要穿戴好个人防护用具，按规范完成车辆的下电操作。

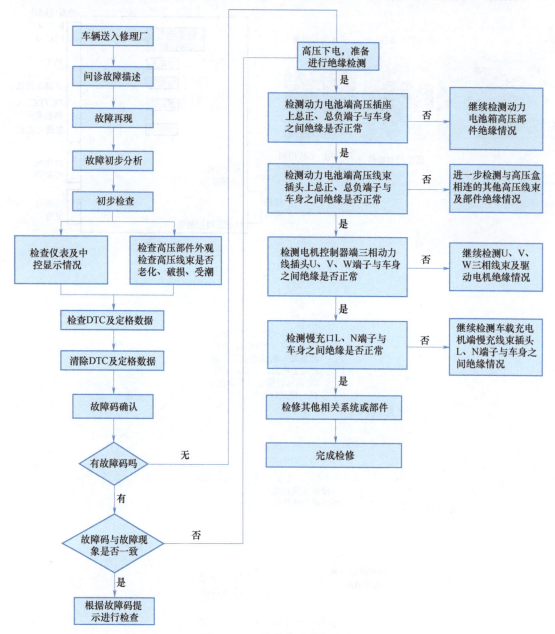

图 3-1-11　绝缘故障诊断流程

下面将利用上述诊断流程，完成任务导入中绝缘故障的检测、诊断与修复。

1. **试车**

经过试车，故障现象与客户描述一致，初步分析车辆高压系统没有上电，导致车辆无法行驶。

2. 检查组合仪表和中控的故障提示

打开起动开关后听到"滴滴滴"的报警声音，仪表盘上文字提示区域交替显示绝缘故障、动力电池断开故障，如图 3-1-12a 和 c 所示；仪表盘上动力电池故障指示灯点亮，动力电池断开指示灯点亮，系统故障灯点亮；仪表盘上能显示剩余电量、平均电耗、续驶里程，不显示 READY，如图 3-1-12a 所示；中控屏闪烁显示：中度故障，请立即停车，与车辆授权服务商联系，如图 3-1-12b 所示；换档旋钮旋至 D 位，制动能量回收系统关闭指示灯点亮，车辆无法行驶，如图 3-1-12c 所示。

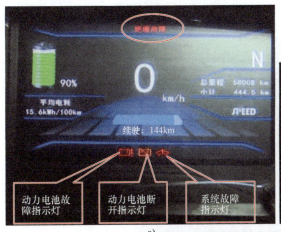

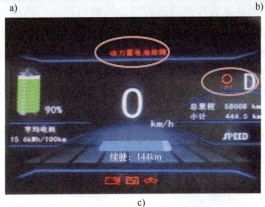

图 3-1-12 组合仪表和中控的故障提示

3. 车辆基本检查

关闭起动开关，拆下低压蓄电池负极，打开前机舱盖，穿戴好个人防护用具，检查高压部件及高压线束外观是否存在破损、进水、受潮等现象。经检查，高压部件及高压线束无破损和受潮现象。

4. 连接故障诊断仪读取故障码

安装低压蓄电池负极，将北汽专用诊断仪连接至车辆，读取故障码，系统无故障码。根据仪表盘和中控屏的提示信息可知，车辆高压系统可能存在漏电故障，下面进行高压系统绝缘检查。

5. 按照规范完成对车辆的下电操作

下电操作此处不做详细介绍了。

71

6. 绝缘检查

1）用兆欧表分别检测动力电池端高压插座上总正、总负端子与车身之间绝缘电阻，绝缘电阻均为550MΩ，说明动力电池箱高压系统绝缘正常。

2）用兆欧表检测动力电池端高压线束插头上总正端子与车身之间绝缘电阻，绝缘电阻为0MΩ；用兆欧表检测动力电池端高压线束插头上总负端子与车身之间绝缘电阻，绝缘电阻为550MΩ，说明与高压控制盒相连的高压线束或部件存在绝缘故障。

3）拔下高压控制盒端动力电池高压正负极线束插头，用兆欧表分别检测高压控制盒端动力电池高压母线正极、负极与车身之间绝缘电阻，绝缘电阻均为550MΩ，如图3-1-13所示，说明高压控制盒至动力电池的高压线束绝缘正常。

4）拔下高压控制盒端高压辅件线束插头，用兆欧表依次检测高压辅件线束插头上高压端子与车身之间绝缘电阻，兆欧表读数均大于2.5MΩ，说明高压辅件及高压线束绝缘正常。

图3-1-13 高压控制盒至动力电池的高压线束绝缘检测

5）拔下高压控制盒端电机控制器高压直流母线正负极插头，用兆欧表检测高压控制盒端电机控制器高压直流母线正极插头与车身之间绝缘电阻，兆欧表显示0MΩ，如图3-1-14所示；用兆欧表检测电机控制器高压直流母线负极插头与车身之间绝缘电阻，兆欧表显示550MΩ，说明高压控制盒至电机控制器高压线束或电机控制器存在绝缘故障。

6）拔下电机控制器端高压直流母线正极插头与负极插头，用兆欧表检测电机控制器端高压直流母线正极插头与车身之间绝缘电阻，兆欧表显示0MΩ，如图3-1-15所示；用兆欧表检测电机控制器端高压直流母线负极插头与车身之间绝缘电阻，兆欧表显示550MΩ。

图3-1-14 高压控制盒端电机控制器高压直流母线正极与车身之间绝缘检测

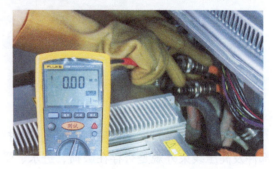

图3-1-15 电机控制器端高压直流母线正极与车身之间绝缘检测

通过以上绝缘检测，说明电机控制器与高压控制盒之间的高压正极直流母线对车身存在绝缘故障。

7. 更换高压线束

将旧的高压线束拆下，换上新的符合要求的高压线束。

8. 按照规范完成对车辆的上电操作

再次试车，故障现象消失，车辆恢复正常。

 故障案例分析

北汽 EV160 纯电动汽车高压系统绝缘状态是由电池管理系统 BMS 进行检测的。当电机控制器与高压控制盒之间的高压正极直流母线对车身漏电时，BMS 检测到绝缘电阻过低，判定高压系统存在绝缘故障，BMS 存储故障码并断开动力电池正极接触器，同时通过 CAN 总线将绝缘故障信息上报给整车控制器 VCU，VCU 收到信息后断开动力电池负极接触器，同时将绝缘故障信息发送给仪表和中控屏实现故障灯显示和文字、声音报警。由于动力电池正负极接触器断开，封锁了高压输出，VCU 因绝缘故障也不响应换档信号，因此车辆无法行驶。

 拓展试验

故障设置：高压控制盒高压辅件正极对车身漏电，如图 3-1-16 所示。

故障现象：仪表盘上动力电池故障指示灯点亮、动力电池断开指示灯点亮、系统故障灯点亮；换档旋钮旋至 D 位，OFF 灯点亮，车辆无法行驶；仪表盘文字显示区域交替显示绝缘故障、动力电池断开故障；中控显示：中度故障，请立即停车，与车辆授权服务商联系，同时发出"滴滴滴"的报警声音。

故障诊断仪：P0A0A94 高低压互锁故障（因高压控制盒开盖后引起）。

图 3-1-16　高压控制盒高压辅件正极对车身漏电

注：漏电测试线接触车身时，有火花，有"呲呲"的声音。清码后，没有恢复正常。重启后系统正常，可以行驶。高压控制盒内部的 PTC 控制板上有两个运行指示灯，系统正常时两个灯都亮，高压断开后只亮一个。

单元小结

1. 动力系统的测量阶段最小瞬间绝缘电阻为 0.5kΩ/V。
2. 导致车辆绝缘故障的原因主要是高压系统故障和 BMS 绝缘检测系统故障。
3. 电动车绝缘检测系统无法对绝缘故障点进行定位，需要进行逐步的人工排查。
4. 在进行高压系统的绝缘检测前，为了确保安全，一定要按照相应的高压安全操作规程进行作业，操作人员按规定穿戴好防护用品，检查工具的绝缘性。
5. 依据故障诊断流程，基本上能够确认发生绝缘故障的高压部件或高压线束。在检查高压系统时，在动力电池端高压线束插头处，可将高压回路分成前后两个部分进行排查，缩小排查目标，提高排查效率。对于车辆前机舱的高压用电部件排查，以高压控制盒为中心进行，能有效提高排查速度并准确定位故障点。

任务工单3.1

任务名称	绝缘故障的诊断与排除	学时	4	班级	
学生姓名		学生学号		任务成绩	
实训设备	北汽EV160纯电动汽车4辆、XK-XNY-EV16061型六合一实训台1台、车间防护用具4套、个人防护用具4套、绝缘工具4套、常用检测仪器设备（万用表、兆欧表、专用故障诊断仪等）各4套、博世208测试线4套。	实训场地	新能源汽车理实一体化教室	日期	
任务描述	一辆北汽EV160纯电动汽车，客户反映打开起动开关后听到"滴滴滴"的报警声音，仪表盘上多个故障灯点亮，不显示READY，中控显示中度故障，换档旋钮旋至D位或R位，车辆均无法行驶。				
任务目的	以行动为导向，引导学生制订计划，按照正确诊断流程诊断和修复故障。在此过程中学习相关理论知识和实践操作技能。				

一、资讯

1. GB/T 18384.3—2015《电动汽车安全要求》第3部分：人员触电防护第6.7.1条规定，在最大工作电压下，直流电路绝缘电阻的最小值应至少大于100Ω/V，交流电路应至少大于_____Ω/V。

2. 车辆的绝缘状态一般由_____来检测，当检测到的绝缘阻值低于系统设定的最低绝缘阻值时，BMS将生成故障码，并与_____通信，由组合仪表或中控显示屏来进行声音报警、文字提示和故障灯报警，同时封锁动力电池高压输出，使高压断电。

3. 下图是北汽EV160纯电动汽车前机舱内主要的高压部件和线束，请填写相应部件名称。

4. 车辆绝缘故障的可能原因有 _____ 。

二、计划与决策

请根据故障现象和任务要求，确定所需要的检测仪器、工具，并对小组成员进行合理分工，制订详细的诊断和修复计划。

1. 需要的检测仪器、工具及防护用具

2. 小组成员分工

3. 诊断和修复计划

三、实施

1. 试车

进行试车,故障现象与客户描述是否一致_____。

初步分析_____,导致车辆无法行驶。

2. 检查组合仪表和中控的故障提示

仪表盘显示情况:_____

中控显示情况:_____

声音警告情况:_____

操作换档旋钮,车辆运行状态:_____

3. 车辆基本检查

关闭起动开关,拆下低压蓄电池负极,打开前机舱盖,穿戴好个人防护用具,检查高压部件及高压线束外观是否存在破损、进水、受潮等现象。

经检查,高压部件及高压线束_____。

4. 连接故障诊断仪读取故障码

有、无故障码:_____。故障码:_____。

5. 按照规范完成对车辆的下电操作。

6. 绝缘检查(注意佩戴绝缘手套)

1) 动力电池端高压插座上总正、总负端子与车身之间绝缘情况:_____。

2) 动力电池端高压线束插头上总正、总负端子与车身之间绝缘情况:_____。

3) 高压控制盒端动力电池高压母线正极、负极与车身之间绝缘情况:_____。

4) 高压辅件线束插头上高压端子与车身之间绝缘情况:_____。

5) 高压控制盒端电机控制器高压直流母线正、负极插头与车身之间绝缘情况:_____。

6) 电机控制器端高压直流母线正、负极插头与车身之间绝缘情况:_____。

7. 诊断结论

综合上述检测结果,判断故障点为:_____。

四、检查

故障排除后,用故障诊断仪清除故障码,并进行如下检查:

1. 检查仪表及中控是否还有故障提示:_____。

2. 检查高压上电情况:_____。

3. 检查车辆行驶情况:_____。

五、评估

1. 请根据自己任务完成的情况,对自己的工作进行自我评估,并提出改进意见。

1) _____

2) _____

3) _____

2. 工单成绩(总分为自我评价、组长评价和教师评价得分值的平均值)

自我评价	组长评价	教师评价	总分

学习单元3.2　　VCU 通信故障的诊断与排除

任务导入

一辆北汽 EV160 纯电动汽车，客户反映打开起动开关后仪表盘上有多个故障灯点亮，不显示 READY，换档旋钮旋至 D 位或 R 位，车辆均无法行驶。经检查，整车控制器 VCU 端新能源 CAN-H 线束磨损导致与车身发生短路故障，修复线束后故障消失。

学习目标

1. 能根据 VCU 无法通信的故障现象分析故障原因。
2. 能制订 VCU 无法通信故障的诊断流程。
3. 能根据故障流程进行 VCU 无法通信的故障诊断。

故障原因分析

整车控制器（VCU）主要是判断操纵者意愿，根据车辆行驶状态、电池和电机系统的状态合理分配动力，使车辆运行在最佳状态。整车控制器的基本控制功能如图 3-2-1 所示。

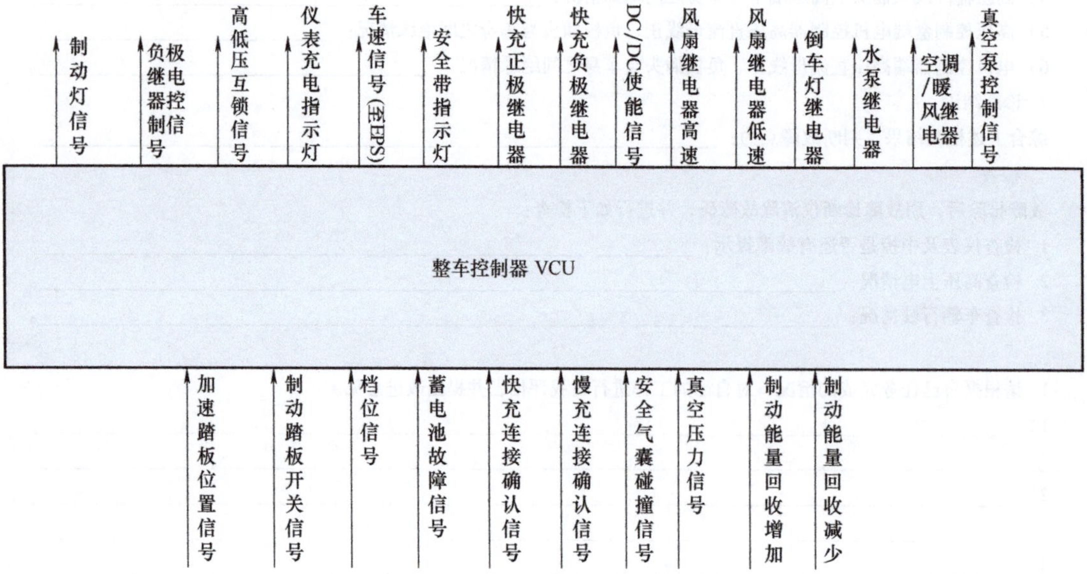

图 3-2-1　整车控制器基本控制功能

由图 3-2-1 可知，整车控制器实时与电机驱动系统、动力电池管理系统等各系统通信，并通过加速踏板位置、制动踏板位置、档位、车速等信号获取整车状态并判断出当前需要的整车工作模式（如起步、加速、减速、匀速行驶、制动能量回收等）。

整车控制器通过慢充连接确认、快充连接确认、快充正极接触器控制、快充负极接触器控制、动力电池负极接触器控制、高压互锁等信号以及电池管理系统信息，判断整车能否充电及充电时的控制。

同时，整车控制器还通过 DC/DC 使能控制、水泵继电器、冷却风扇继电器、空调 PTC 加热控制、真空压力、真空泵控制等信号实现对电动汽车辅助系统的控制。

EV160 纯电动车通过 CAN 总线获得原车功能模块、动力电池系统、电机驱动系统等状态信息，网络架构如图 3-2-2 所示。

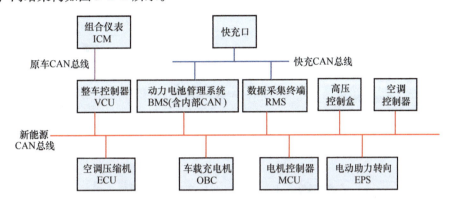

图 3-2-2　EV160 纯电动汽车网络架构

由图 3-2-2 可知，EV160 纯电动车共有 4 种 CAN 总线，分别是新能源 CAN 总线、原车 CAN 总线、快充 CAN 总线和动力电池内部 CAN 总线。其中新能源 CAN 总线上的通信单元有整车控制器（VCU）、空调压缩机 ECU、动力电池管理系统（BMS）、数据采集终端（RMS）、车载充电机（OBC）、电机控制器（MCU）、高压控制盒、电动助力转向（EPS）以及空调控制器。整车控制器通过总线与其他控制单元的通信，判断整车状态及故障处理。

OBDⅡ接口如图 3-2-3 所示，EV160 纯电动车 OBDⅡ接口定义如下：

Pin1：新能源 CAN-H；
Pin9：新能源 CAN-L；
Pin6：原车 CAN-H；
Pin14：原车 CAN-L；
Pin16：常电（BAT＋）；
Pin5：信号地线。

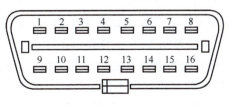

图 3-2-3　OBDⅡ诊断接口

VCU 是整车的控制中心，导致 VCU 通信故障的可能原因有供电故障、CAN 线束故障、

VCU 故障等，如图 3-2-4 所示。

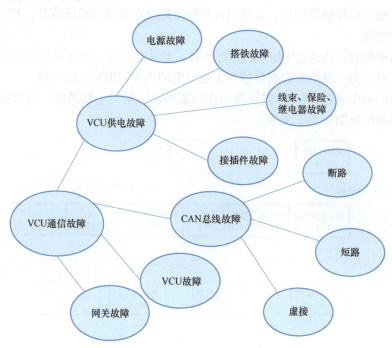

图 3-2-4　VCU 通信故障的可能原因

通信故障诊断可参照图 3-2-5 所示的诊断流程：在初步检查过程中，通过对仪表和中控显示信息的检查，可以获得故障提示信息；车辆的基本检查，包括碰撞、裂痕、进水、控制单元或部件明显损坏、插接件松动或损坏、油液泄漏等。通过对车辆进行快速的初步检查，结合故障现象可以对故障原因做出初步判断。

连接故障诊断仪，检查故障诊断仪能否与控制单元通信。如果通信正常，可进入控制单元读取故障码或数据流，便于进一步分析缩小故障范围。如果无法通信，新能源 CAN 总线上的控制单元均无法连接，在诊断口及相关电路正常情况下，则需重点检查新能源 CAN 总线系统，包括控制单元、供电、线束及接插件等。

在检查 VCU 工作状况时，可通过间接的方法快速判断 VCU 的供电及工作情况。电动真空泵的工作与否是由 VCU 控制的，打开起动开关，多次踩下制动踏板，当 VCU 检测到真空压力低时，会控制电动真空泵工作。当电动真空泵工作时，能听到电动真空泵"滋滋滋"工作的声音。因此，可通过此方法判断 VCU 工作是否正常。

检查新能源 CAN 总线上的其他控制单元是否都能工作正常或大部分工作正常，目的是大致判断出故障范围。如果所有控制单元均不能工作，且故障诊断仪无法访问，说明 CAN 总线出现故障的可能性较大；如果只有个别控制单元不能工作且故障诊断仪无法访问，则说明与该控制单元连接的 CAN 总线或相关电路存在故障的可能性较大。可通过间接方法快速进行判断，比如连接上充电枪，检查车载充电机上电源指示灯是否点亮、仪表上充电连接指示灯是否点亮等信息，来初步判断车载充电机是否正常。

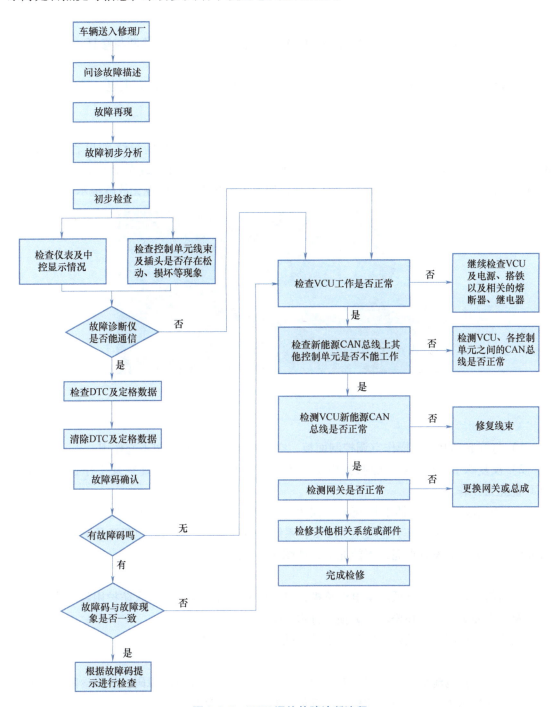

图 3-2-5　VCU 通信故障诊断流程

可使用万用表、示波器、故障诊断仪等检测仪器设备或工具，完成 VCU 通信故障的相关检查项目。在涉及高压系统时，原则上不能带电操作，如需检查高压系统，一定要穿戴好个人防护用具，按规范进行检查。

 **故障诊断与修复**

将利用上述诊断流程，完成任务导入中 VCU 通信故障的检测、诊断与修复。

1. 试车

经过试车，故障现象与客户描述一致。初步分析车辆高压系统没有上电，导致车辆无法行驶。

2. 检查组合仪表和中控的故障提示

打开起动开关，仪表盘显示剩余电量、显示平均电耗、不显示续驶里程、不显示 READY；系统故障灯点亮、动力电池断开故障灯点亮；将换档旋钮旋至 D 位，车辆不能正常行驶，仪表盘上档位指示位置 OFF 灯点亮，如图 3-2-6 所示。中控无故障提示。

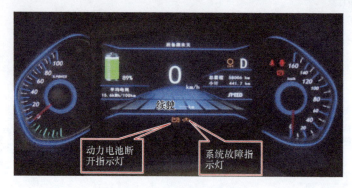

图 3-2-6　组合仪表故障提示

3. 车辆功能检查

1）打开起动开关，操作空调控制面板，空调控制面板所有按钮不起作用。

2）反复踩下制动踏板，能听到电动真空泵工作的声音，电动真空泵工作正常，说明 VCU 能正常工作。

3）关闭起动开关，插上慢充枪，仪表盘上充电连接指示灯正常点亮，充电显示 0V、0A，不显示续驶里程，车外温度显示 0℃，系统故障灯点亮，动力电池断开故障灯点亮，车载充电机上运行灯没有点亮，不能充电，如图 3-2-7 所示。

4. 车辆基本检查

关闭起动开关，拆下低压蓄电池负极，打开前机舱盖，穿戴好个人防护用具。检查控制单元及线束插头是否存在松动、破损、进水、受潮等现象。

经检查，控制单元及线束插头无松动、破损和受潮现象。

5. 连接故障诊断仪读取故障码

安装低压蓄电池负极，将北汽专用诊断仪连接至车辆，读取故障码。故障诊断仪只能进入安全气囊控制单元和车身电控模块，其他控制单元无法通信。

6. 查阅电路图，分析故障范围

由 EV160 联网图可知，整车控制器 VCU、空调压缩机控制器、动力电池管理系统 BMS、车载充电机、数据采集终端、电机控制器 MCU、高压控制盒、电动助力转向（EPS）、空调控制器，这些控制单元均在新能源 CAN 总线上，整车控制器 VCU 工作正常，其他连在新能源 CAN

总线上的控制系统大部分不能正常工作或无法通信，因此需重点检查新能源 CAN 总线通信系统线路。

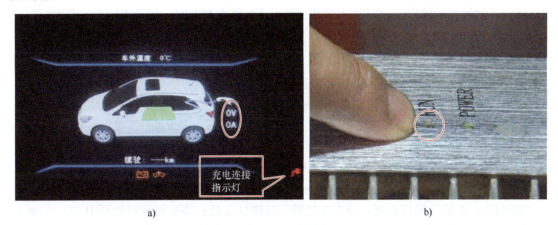

图 3-2-7 连接充电枪时的车辆状态

a）连接充电枪时仪表显示 b）车载充电机运行指示灯

7. 检查新能源 CAN 总线通信系统线路

1）VCU 的 111 端子为新能源 CAN-H 线束，104 端子为新能源 CAN-L 线束，如图 3-2-8 所示。关闭起动开关，将无损探针分别刺入 VCU/111 端子、VCU/104 端子，连接双通道示波器测试线，打开起动开关，用示波器观察 CAN-H、CAN-L 信号。示波器显示 CAN-H 信号一直为低电平、CAN-L 信号正常，如图 3-2-9 所示。根据以上分析，新能源 CAN-H 线存在对地短路故障。

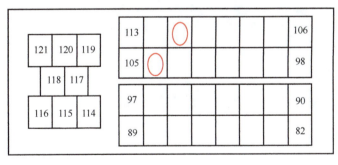

图 3-2-8 整车控制器插件 B

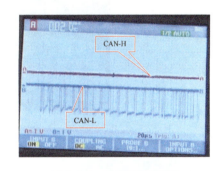

图 3-2-9 CAN 信号波形

2）检查 VCU 线束，发现整车控制器 VCU 端 CAN-H 线束磨损，与车身接触，导致 CAN-H 线对地短路。

8. 修复该故障

再次试车，故障现象消失，车辆恢复正常。

 故障案例分析

北汽 EV160 纯电动汽车整车通信采用了新能源 CAN 总线、原车 CAN 总线等多路通信。当新能源 CAN-H 线出现对地短路时，新能源 CAN-H 整条线上的电平都被拉低到低电平，

81

致使新能源 CAN 总线上的控制单元与故障诊断仪无法通信。VCU 判定系统故障后断开动力电池负极接触器，动力电池管理系统 BMS 收不到 VCU 发送的指令，也会将动力电池正极接触器断开，封锁高压输出。VCU 进入故障保护也不响应换档信号，因此车辆无法行驶。

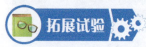

1）故障设置：空调压缩机 CAN-H 线断路。

故障现象：仪表盘显示一切正常，显示 READY，可以正常行驶，空调系统鼓风机工作，但不制冷。

故障诊断仪：无故障码显示。

2）故障设置：电机控制器 MCU 端（32 号端子）CAN-H 总线对地短路。

故障现象：打开起动开关，仪表盘显示剩余电量、显示平均电耗、不显示续驶里程、不显示 READY；系统故障灯点亮、动力电池断开故障灯点亮；将换档旋钮旋至 D 位，车辆不能正常行驶，仪表盘上档位指示位置 OFF 灯点亮（与本单元案例中的故障现象相同）。中控显示微度故障，如图 3-2-10 所示。

故障诊断仪：只有安全气囊控制单元可以进入，其他均无法进入。

图 3-2-10　中控故障提示

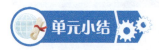

1. EV160 纯电动汽车通过 CAN 总线获得原车功能模块、动力电池系统、电机驱动系统等状态信息。

2. 整车控制器（VCU）主要是判断操纵者意愿，根据车辆行驶状态、电池和电机系统的状态合理分配动力，使车辆运行在最佳状态。

3. 导致 VCU 通信故障的可能原因有供电故障、CAN 线束故障、VCU 故障等。

4. 当新能源 CAN-H 线出现对地短路时，新能源 CAN-H 整条线上的电平都被拉低到低电平，致使新能源 CAN 总线上的控制单元与故障诊断仪无法通信。

任务工单3.2

任务名称	VCU 通信故障的诊断与排除	学时	4	班级	
学生姓名		学生学号		任务成绩	
实训设备	北汽 EV160 纯电动汽车4辆、XK-XNY-EV16061 型六合一实训台1台、车间防护用具4套、个人防护用具4套、绝缘工具4套、常用检测仪器设备（万用表、兆欧表、专用故障诊断仪等）各4套、博世 208 测试线4套。	实训场地	新能源汽车理实一体化教室	日期	
任务描述	一辆北汽 EV160 纯电动汽车，客户反映打开起动开关后仪表盘上有多个故障灯点亮，不显示 READ-Y，换档旋钮旋至 D 位或 R 位，车辆均无法行驶。				
任务目的	以行动为导向，引导学生制订计划，按照正确诊断流程诊断和修复故障。在此过程中学习相关理论知识和实践操作技能。				

一、资讯

1. 整车控制器（VCU）主要是判断操纵者意愿，根据车辆行驶状态、_____和_____系统的状态合理分配动力，使车辆运行在最佳状态。

2. 整车控制器实时与_____系统、_____系统等各系统通信，并通过加速踏板位置、制动踏板位置、档位、车速等信号获取整车状态并判断出当前需要的整车工作模式（如起步、加速、减速、匀速行驶、制动能量回收等）。

3. 下图是北汽 EV160 纯电动汽车网络架构图，请填写相应 CAN 总线名称。

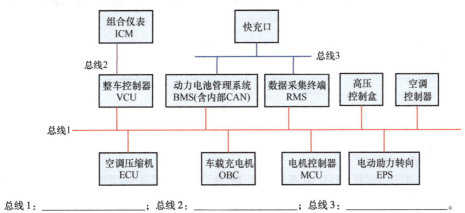

总线1：_____；总线2：_____；总线3：_____。

4. VCU 通信故障的可能原因有_____。

二、计划与决策

请根据故障现象和任务要求，确定所需要的检测仪器、工具，并对小组成员进行合理分工，制订详细的诊断和修复计划。

1. 需要的检测仪器、工具及防护用具

2. 小组成员分工

3. 诊断和修复计划

三、实施

1. 试车
   进行试车，故障现象与客户描述是否一致_____。
   初步分析_____，导致车辆无法行驶。
2. 检查组合仪表和中控的故障提示
   仪表盘显示情况：_____
   中控显示情况：_____
   声音警告情况：_____
   操作换档旋钮，车辆运行状态：_____
3. 车辆功能检查
   空调系统工作是否正常：_____
   电动真空泵工作是否正常：_____
   连接充电枪，观察仪表盘显示情况：_____
   车载充电机运行灯点亮情况：_____
   能否正常充电：_____
4. 车辆基本检查
   关闭起动开关，拆下低压蓄电池负极，打开前机舱盖，穿戴好个人防护用具，检查控制单元及线束插头，有无松动、损坏等现象。
   经检查：_____。
5. 连接故障诊断仪读取故障码
   控制单元可否访问：_____。
   有、无故障码：_____。故障码：_____。
6. 查阅电路图，分析故障范围
   新能源 CAN 总线上，整车控制器 VCU 工作正常，其他连在新能源 CAN 总线上的控制系统大部分不能正常工作或无法通信，因此需重点检查。
7. 检查新能源 CAN 通信系统线路
   关闭起动开关，将无损探针分别刺入 VCU/111 端子、VCU/104 端子，连接双通道示波器测试线，打开起动开关，用示波器观察 CAN-H、CAN-L 信号。

			113			106
121	120	119	105			98
	118	117				
116	115	114	97			90
			89			82

请在下表中绘出 CAN 总线波形：

新能源 CAN 总线波形测试

波形是否正常：_____。

8. 诊断结论

检查 VCU 线束，发现：_____。

四、检查

故障排除后，用故障诊断仪清除故障码，并进行如下检查：

1. 检查仪表及中控是否还有故障提示：_____。
2. 检查高压上电情况：_____。
3. 检查车辆行驶情况：_____。

五、评估

1. 请根据自己任务完成的情况，对自己的工作进行自我评估，并提出改进意见。

1) _____

_____

2) _____

_____

3) _____

_____

2. 工单成绩（总分为自我评价、组长评价和教师评价得分值的平均值）

自我评价	组长评价	教师评价	总分

学习单元 3.3　高压不上电故障的诊断与排除

一辆北汽 EV160 纯电动汽车，客户反映打开起动开关后仪表盘上有多个故障灯点亮，不显示 READY，换档旋钮旋至 D 位或 R 位，车辆均无法行驶。经检查，整车控制器 VCU 至动力电池端负极接触器的控制信号线存在断路故障，修复线束后故障消失。

1. 能根据高压不上电的故障现象分析故障原因。
2. 能制订高压不上电的故障诊断流程。
3. 能根据故障流程进行高压不上电的故障诊断。

北汽 EV160 纯电动汽车高压系统的供电，是由动力电池箱内的高压正极接触器和高压负极接触器控制，如图 3-3-1 所示。在两个接触器都闭合的情况下，动力电池的电能对外输出。

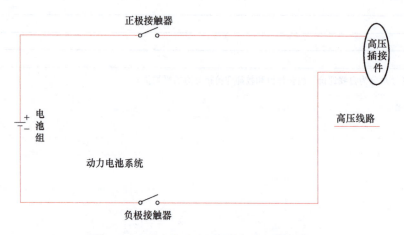

图 3-3-1　动力电池高压系统正负极接触器

动力电池高压负极接触器是由整车控制器 V37 号端子控制，如图 3-3-2 所示。动力电池高压正极接触器是由电池管理系统 BMS 控制的。VCU 与 BMS 及其他新能源系统控制单元通过 CAN 总线通信，当 VCU 判定满足高压上电条件时，VCU 与 BMS 控制高压正负极接触器闭合，高压上电；当 VCU 判定系统不满足上电条件时，VCU 与 BMS 控制高压正负极接触器断开，高压断电。

导致高压不上电的可能原因主要有绝缘故障、通信故障、互锁回路故障、接触器控制回路故障、动力电池电量过低等，如图 3-3-3 所示。

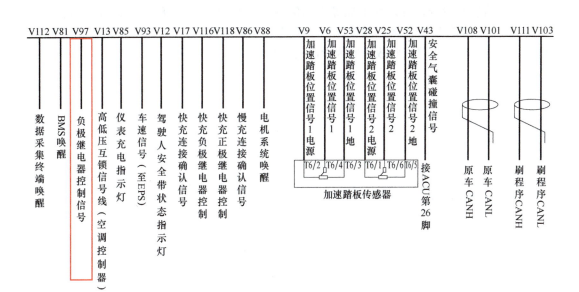

图 3-3-2　VCU 控制负极接触器

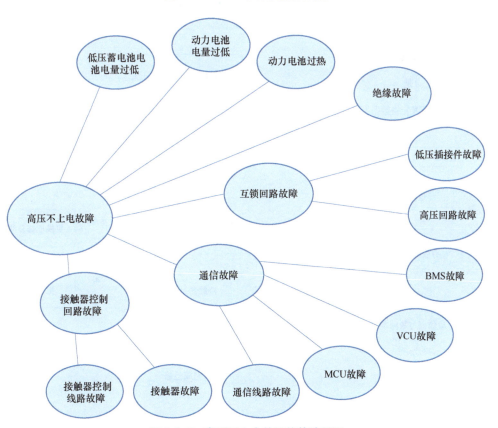

图 3-3-3　高压不上电的可能故障原因

故障诊断流程

高压不上电故障诊断可参考图 3-3-4 所示的诊断流程：在初步检查过程中，通过对仪表和中控显示信息的检查，可以获得故障提示信息；车辆的基本检查，包括碰撞、裂痕、进水、控制单元或部件明显损坏、插接件松动或损坏、油液泄漏等。通过对车辆进行快速的初步检查，结合故障现象可以对故障原因做出初步判断。

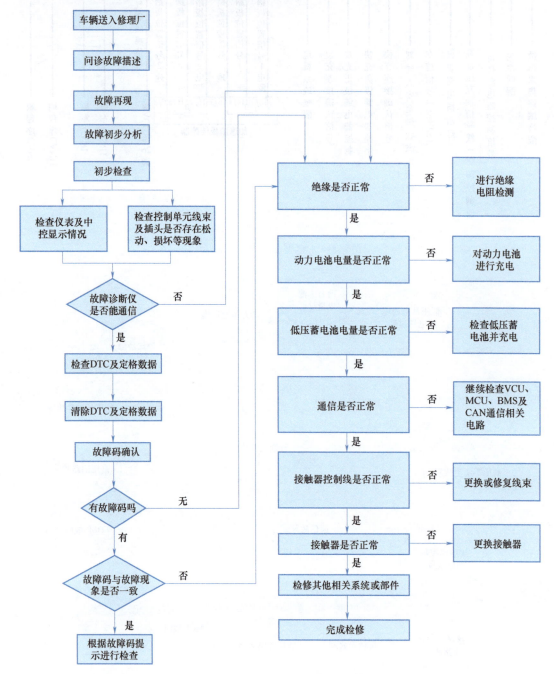

图 3-3-4　高压不上电故障诊断流程

新能源汽车具有高压系统，车辆的绝缘状况关乎驾乘人员的生命财产安全。驱动电机系统、动力电池系统、整车控制系统是纯电动车的三大核心。一般情况下，当车辆出现绝缘故障时，车辆仪表以及中控会有明显的故障提示信息，比如"滴滴滴"的警报声、仪表上的故障指示灯、绝缘故障的文字提示等。当车辆驱动电机系统或动力电池系统出现故障时，车辆仪表以及中控也会有明显的故障提示信息。因此，通过对仪表及中控显示信息的观察及分析，可以得出车辆的大致状况和故障范围。

可使用万用表、兆欧表、电流钳、红外测温仪、示波器、故障诊断仪等检测仪器设备或工具，完成高压不上电故障的相关检查项目。

下面将利用上述诊断流程，完成任务导入中高压不上电故障的检测、诊断与修复。

1. 试车

经过试车，故障现象与客户描述一致。初步分析车辆高压系统没有上电，导致车辆无法行驶。

2. 检查组合仪表和中控的故障提示

打开起动开关，仪表盘显示剩余电量90%、显示平均电耗；动力电池系统故障灯点亮、动力电池断开故障灯点亮、系统故障灯点亮；仪表盘上文字提示区域显示动力电池故障；不显示 READY；将换档旋钮旋至 D 位，仪表盘上档位指示位置 OFF 灯点亮，车辆无法行驶，如图 3-3-5 所示。

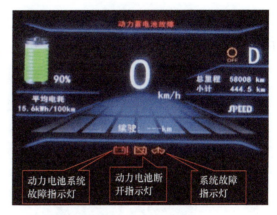

图 3-3-5　组合仪表故障提示

观察中控显示屏，中控显示屏闪烁显示微度故障，如图 3-3-6 所示。

图 3-3-6　中控故障提示信息

3. 车辆功能检查

1）打开起动开关，操作空调控制面板，鼓风机工作，但压缩机不工作，空调不制冷，如图 3-3-7 所示。

图 3-3-7　检查空调控制系统

2）反复踩下制动踏板，能听到电动真空泵工作的声音，电动真空泵工作正常，如图 3-3-8 所示，说明 VCU 能正常工作。

 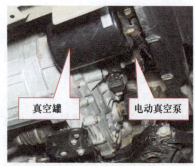

图 3-3-8　检查真空泵控制

3）关闭起动开关，插上慢充枪（图 3-3-9a），观察充电情况。仪表盘上充电连接指示灯正常点亮，充电显示 0V、0A，显示续驶里程，动力电池系统故障灯点亮，动力电池断开故障灯点亮，系统故障灯点亮，仪表盘上文字提示区域显示动力电池故障（图 3-3-9b），车载充电机上充电运行指示灯没有点亮（图 3-3-9c），无法充电。

 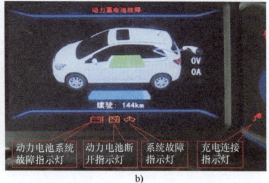

a)　　　　　　　　　　　　　　　b)

图 3-3-9　连接充电枪时的车辆状态

a）插上慢充枪　b）连接充电枪时仪表盘显示

c)

图 3-3-9　连接充电枪时的车辆状态（续）

c）车载充电机运行指示灯

4. 车辆基本检查

关闭起动开关，拆下低压蓄电池负极，打开前机舱盖，穿戴好个人防护用具。检查控制单元及线束插头是否存在松动、破损、进水、受潮等现象。

经检查，控制单元及线束插头无松动、破损和受潮现象。

5. 连接故障诊断仪读取故障码

拔下慢充枪，将北汽专用诊断仪与车辆诊断座相连，打开起动开关读取故障码，系统无故障码，如图 3-3-10 所示。

名称	当前值
整车控制器(VCU)	OK
驱动电机系统(MCU)	OK
动力电池系统(BMS PPST)	OK
组合仪表(ICM)	OK
车载充电机(CHG)	N/A
动力电池系统(BMS BESK)	OK
远程监控系统(RMS)	OK
电动助力转向系统(EPS)	OK
中控信息娱乐系统(EHU)	N/A

图 3-3-10　读取故障码

6. 查阅电路图，分析故障范围

由 BMS 电路图 3-3-11 可知，整车控制器 VCU 控制动力电池总负接触器工作，动力电池管理系统 BMS 控制动力电池总正接触器工作。整车高压不上电，原因可能是系统不满足上电条件，或者控制系统故障。

根据以上试验和分析，整车控制器 VCU 工作正常，仪表并未显示驱动电机系统故障或者绝缘故障，也没有报出通信故障。因此，故障原因可能是以下三个方面：VCU 至 BMS 的总负控制线故障、BMS 系统故障、接触器自身故障。

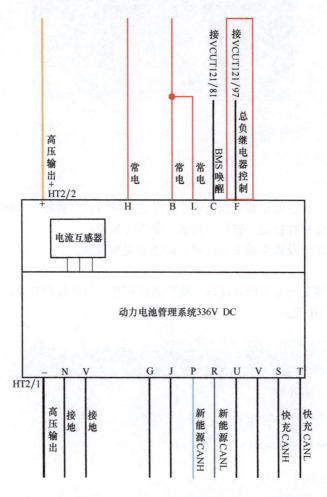

图 3-3-11　BMS 电路图

由于 BMS 系统及动力电池总正、总负接触器在电池包内部，所以下面先重点检查 VCU 至 BMS 的总负接触器控制线。

7. 检查 VCU 至 BMS 的总负接触器控制线

1）关闭起动开关，举升车辆，拔下动力电池端低压控制插头，打开起动开关，用万用表检测动力电池端低压控制插头 F 端子与搭铁之间电压，正常应为 12V 左右，万用表显示 0V，如图 3-3-12 所示。

2）关闭起动开关，降下车辆，将探针刺入 VCU 端 97 号端子线束，打开起动开关，用万用表检测 VCU 的 97 号端子与搭铁之间电压，万用表显示为 11.8V，如图 3-3-13 所示。说明 VCU 至动力电池端的控制线存在断路故障。

8. 修复该故障

再次试车，故障现象消失，车辆恢复正常。

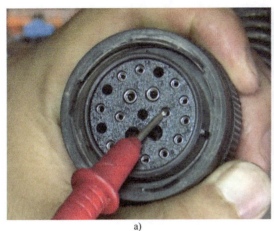
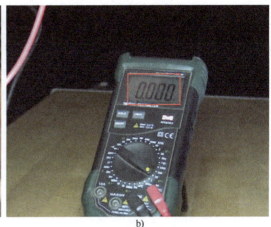

图 3-3-12 动力电池端低压控制插头 F 端子与搭铁之间电压

a) 动力电池端低压控制插头 F 端子　b) 万用表显示测量电压

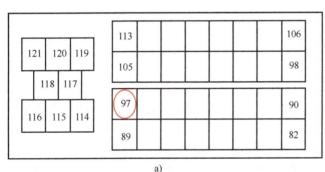
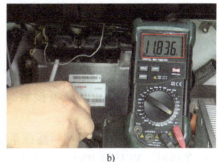

图 3-3-13 VCU 的 97 号端子与搭铁之间电压

a) 整车控制器插件 B 上的 97 号端子　b) 万用表显示测量电压

故障案例分析

北汽 EV160 纯电动汽车高压电的输出，需动力电池箱内的高压正极、负极接触器闭合。高压正极接触器由电池管理系统 BMS 控制，高压负极接触器由整车控制器 VCU 控制。当 VCU 至高压负极接触器的控制线断路后，高压负极接触器无法闭合，高压不上电，导致空调压缩机无法工作，车辆无法行驶，不能充电。

拓展试验

故障设置：MCU 端（32 号端子）CAN-H 总线断路。

故障现象：仪表盘显示系统故障灯点亮、动力电池故障灯点亮、档位指示位置 OFF 灯点亮，不 READY，不能正常行驶。

故障诊断仪：VCU 可以访问，故障码：U011087，描述：电机控制器通信丢失，状态：当前的 & 历史的，如图 3-3-14 所示。

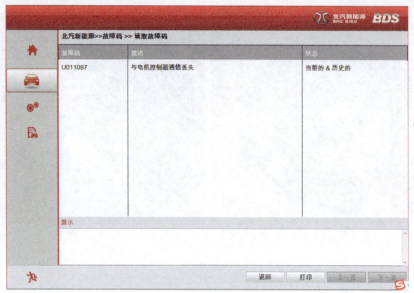

图 3-3-14　读取故障码

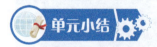 单元小结

1. 北汽 EV160 纯电动汽车高压系统的供电，是由动力电池箱内的高压正极接触器和高压负极接触器控制。高压正极接触器由电池管理系统 BMS 控制，高压负极接触器由整车控制器 VCU 控制。

2. VCU 与 BMS 及其他新能源系统控制单元通过 CAN 总线通信，当 VCU 判定满足高压上电条件时，VCU 与 BMS 控制高压正负极接触器闭合，高压上电。

3. 导致高压不上电的可能原因主要有绝缘故障、通信故障、互锁回路故障、接触器控制回路故障、动力电池电量过低等。

任务工单3.3

任务名称	高压不上电故障的诊断与排除	学时	4	班级	
学生姓名		学生学号		任务成绩	
实训设备	北汽EV160纯电动汽车4辆、XK-XNY-EV16061型六合一实训台1台、车间防护用具4套、个人防护用具4套、绝缘工具4套、常用检测仪器设备（万用表、兆欧表、专用故障诊断仪等）各4套、博世208测试线4套、充电连接线2需4套。	实训场地	新能源汽车理实一体化教室	日期	
任务描述	一辆北汽EV160纯电动汽车，客户反映打开起动开关后仪表盘上有多个故障灯点亮，不显示READY，换档旋钮旋至D位或R位，车辆均无法行驶。				
任务目的	以行动为导向，引导学生制订计划，按照正确诊断流程诊断和修复故障。在此过程中学习相关理论知识和实践操作技能。				

一、资讯

1. 识读下面的电路图，北汽EV160纯电动汽车动力电池高压负极接触器是由_____控制；动力电池高压正极接触器是由_____控制的。

2. 当VCU判定满足高压上电条件时，VCU与BMS控制高压正负极接触器闭合，高压上电。高压不上电故障的可能原因有_____。

二、计划与决策

请根据故障现象和任务要求，确定所需要的检测仪器、工具，并对小组成员进行合理分工，制订详细的诊断和修复计划。

1. 需要的检测仪器、工具及防护用具

2. 小组成员分工

3. 诊断和修复计划

三、实施

1. 试车

进行试车，故障现象与客户描述是否一致：_____。

初步分析_____，导致车辆无法行驶。

2. 检查组合仪表和中控的故障提示

仪表盘显示情况：_____

中控显示情况：_____

声音警告情况：_____

操作换档旋钮，车辆运行状态：_____

3. 车辆功能检查

空调系统工作是否正常：_____。

电动真空泵工作是否正常：_____。

连接充电枪，观察仪表盘显示情况：_____。

车载充电机运行灯点亮情况：_____。

能否正常充电：_____。

4. 车辆基本检查

关闭起动开关，拆下低压蓄电池负极，打开前机舱盖，穿戴好个人防护用具，检查车辆高压系统、控制单元及线束插头，有无松动、损坏等现象。

经检查：_____。

5. 连接故障诊断仪读取故障码

控制单元可否访问：_____。

有、无故障码：_____。故障码：_____。

6. 查阅电路图，分析故障范围

经检查，整车控制器 VCU 工作_____，仪表并未显示_____系统故障或者_____故障，也没有报出通信故障，因此，故障原因可能是以下三个方面：

一是_____；

二是_____；

三是接触器自身故障。

7. 检查总负接触器控制线路

关闭起动开关，举升车辆，拔下动力电池端低压控制插头，打开起动开关，检测动力电池端低压控制插头 F 端子与搭铁之间电压，正常应为 12V 左右，实测值为_____V。

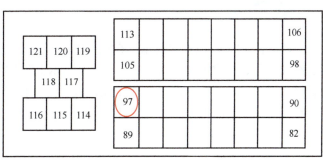

关闭起动开关，降下车辆，将探针刺入 VCU 端 97 号端子线束，打开起动开关，用万用表检测 VCU 的 97 号端子与搭铁之间电压，万用表显示为_____V。

8. 诊断结论

综合以上检查及分析，判定故障点为：_____。

四、检查

故障排除后，用故障诊断仪清除故障码，并进行如下检查：

1. 检查仪表及中控是否还有故障提示：_____。
2. 检查高压上电情况：_____。
3. 检查车辆行驶情况：_____。

五、评估

1. 请根据自己任务完成的情况，对自己的工作进行自我评估，并提出改进意见。

1) _____

2) _____

3) _____

2. 工单成绩（总分为自我评价、组长评价和教师评价得分值的平均值）

自我评价	组长评价	教师评价	总分

学习单元 3.4　仪表无显示故障的诊断与排除

一辆北汽 EV160 纯电动汽车,客户反映打开起动开关后仪表盘上的剩余电量、平均电耗、续驶里程、档位等信息均不显示,也不显示 READY,将换档旋钮旋至 D 位,车辆可正常行驶,但功率表停在 0 位不工作。经检查,整车控制器 VCU 至仪表的原车 CAN-H 线断路,修复线束后故障消失。

1. 能根据仪表无显示的故障现象分析故障原因。
2. 能制订仪表无显示的故障诊断流程。
3. 能根据故障流程进行仪表无显示的故障诊断。

新能源汽车仪表与传统燃油汽车仪表在信息显示内容上有所不同,传统燃油汽车仪表主要显示发动机转速、车速、百公里油耗、燃油量等信息;新能源汽车仪表主要显示车速、剩余电量、百公里电耗、续驶里程等信息,如图 3-4-1 所示。

 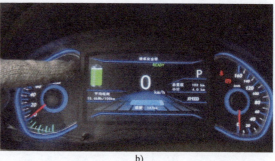

a)　　　　　　　　　　　　　　　　　b)

图 3-4-1　新能源汽车与传统汽车在仪表显示方面的不同之处
a)传统燃油汽车仪表　b)新能源汽车仪表

北汽 EV160 纯电动汽车仪表如图 3-4-2 所示。该仪表主要显示有驱动电机功率表、车速表、剩余电量、平均电耗、续驶里程、档位指示以及故障指示灯等。

北汽 EV160 纯电动汽车控制单元之间的通信方式有新能源 CAN 总线、原车 CAN 总线和快充 CAN 总线。仪表上显示的新能源相关信息是由整车控制器 VCU 经原车 CAN 总线发送给仪表,然后在仪表上进行显示的,如图 3-4-3 所示。动力电池剩余电量、续驶里程等信息由动力电池管理系统 BMS 发送到新能源 CAN 总线上,驱动电机输出功率等信息由电机控制器 MCU 发送到新能源 CAN 总线上,整车控制器 VCU 从新能源 CAN 总线上获取信息,进而判断车辆状态并将信息发送给仪表进行显示。

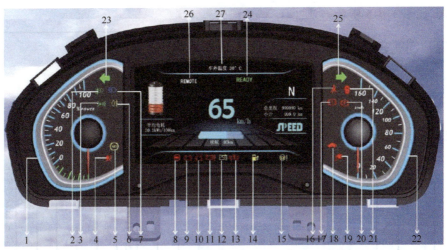

1	驱动电机功率表	2	前雾灯	3	示廓灯
4	安全气囊指示灯	5	ABS指示灯	6	后雾灯
7	远光灯	8	跛行指示灯	9	蓄电池故障指示灯
10	电机及控制器过热指示灯	11	动力电池故障指示灯	12	动力电池断开指示灯
13	系统故障灯	14	充电提醒灯	15	EPS故障指示灯
16	安全带未系指示灯	17	制动故障指示灯	18	防盗指示灯
19	充电线连接指示灯	20	驻车制动指示灯	21	门开指示灯
22	车速表	23/25	左/右转向指示灯	24	READY指示灯
26	REMOTE指示灯	27	室外温度提示		

图 3-4-2 北汽 EV160 纯电动汽车仪表

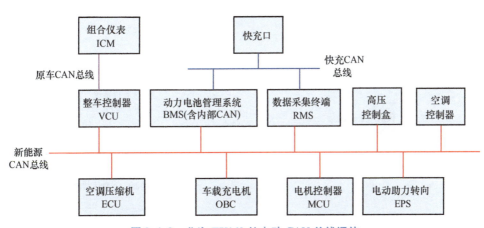

图 3-4-3 北汽 EV160 纯电动 CAN 总线通信

北汽 EV160 纯电动汽车整车控制器 VCU 与仪表之间的原车 CAN 总线通信电路图如图 3-4-4 所示。

引起仪表不显示新能源车辆信息的故障原因可能有整车控制器 VCU 故障、电机控制器 MCU 故障、动力电池管理系统 BMS 故障、新能源 CAN 总线故障、原车 CAN 总线故障、仪表故障等，如图 3-4-5 所示。

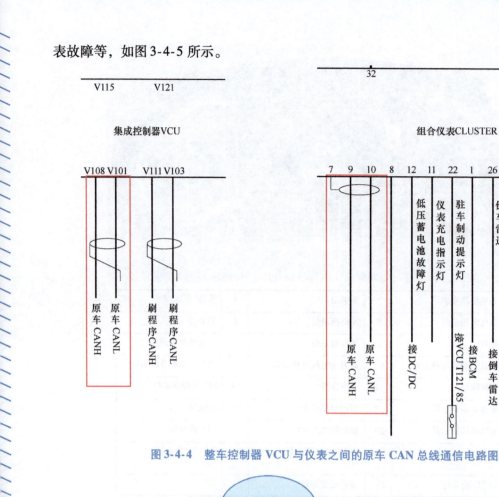

图 3-4-4　整车控制器 VCU 与仪表之间的原车 CAN 总线通信电路图

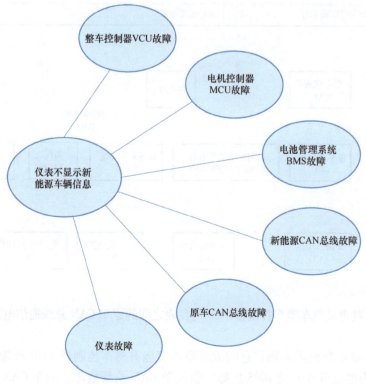

图 3-4-5　仪表无显示的可能故障原因

 **故障诊断流程**

仪表无显示故障诊断可参考图 3-4-6 所示的诊断流程：

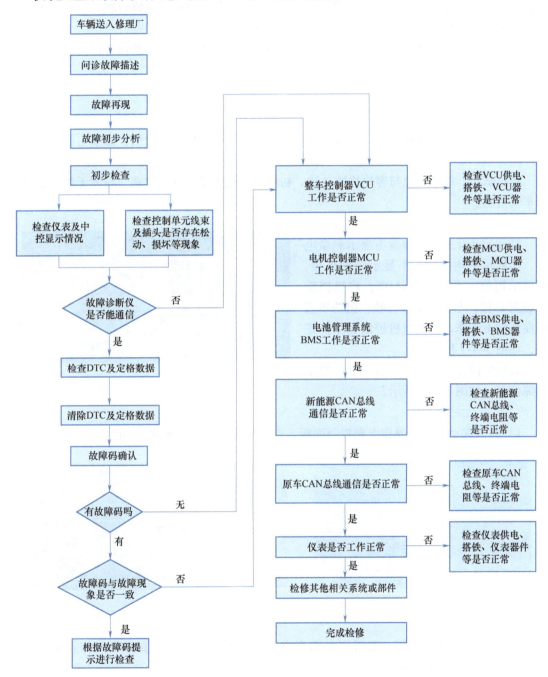

图 3-4-6　仪表无显示故障诊断流程

在初步检查过程中，通过对仪表和中控显示信息的检查，可以获得故障提示信息；车辆的基本检查，包括碰撞、裂痕、进水、控制单元或部件明显损坏、插接件松动或损坏、油液泄漏等。通过对车辆进行快速的初步检查，结合故障现象可以对故障原因做出初步判断。

驱动电机系统、动力电池系统、整车控制系统是纯电动车的三大核心。一般情况下，当车辆出现较严重故障时，如绝缘故障、电机故障、动力电池故障、新能源 CAN 总线故障等，车辆高压不会上电，车辆也不能行驶。对于一些微度故障，车辆可正常行驶。因此，通过对整车状况的观察及分析，可以得出车辆的大致状况和故障范围。

可使用万用表、兆欧表、电流钳、红外测温仪、示波器、故障诊断仪等检测仪器设备或工具，完成仪表无显示故障的相关检查项目。

 故障诊断与修复

下面将利用上述诊断流程，完成任务导入中仪表无显示故障的检测、诊断与修复。

1. 试车

经过试车，故障现象与客户描述一致。初步分析仪表没有收到信息，导致无法显示新能源车辆信息。

2. 检查组合仪表和中控的故障提示

打开起动开关，仪表盘不显示剩余电量、不显示平均电耗、不显示续驶里程、不显示档位、不显示 READY；将换档旋钮旋至 D 位，车辆可正常行驶，但功率表停在 0 位不工作，说明电机控制器工作正常，如图 3-4-7 所示。

观察中控显示屏，中控显示屏不提示故障信息，如图 3-4-8 所示。

图 3-4-7　组合仪表显示情况

3. 车辆功能检查

1）打开起动开关，操作空调控制面板，空调控制系统工作正常，如图 3-4-9 所示。

图 3-4-8　中控显示情况

图 3-4-9　检查空调控制系统

2）反复踩下制动踏板，能听到电动真空泵工作的声音，电动真空泵工作正常，说明 VCU 能正常工作，如图 3-4-10 所示。

3）关闭起动开关，插上慢充枪，观察充电情况。仪表盘上充电连接指示灯正常点亮，充电显示 0V、0A，不显示续驶里程，系统故障灯点亮，仪表盘上文字提示区域显示通信故障；车载充电机上充电运行指示灯正常点亮，说明车载充电机可正常给动力电池充电，电池

管理系统 BMS 工作正常，如图 3-4-11 所示。

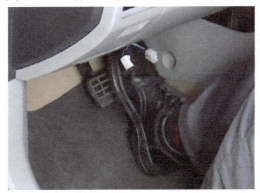
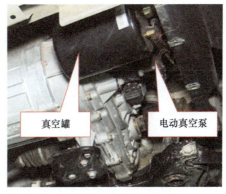

图 3-4-10　检查真空泵控制

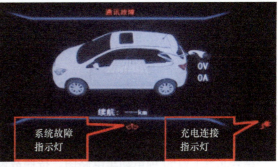

a)　　　　　　　　　　　　　　　　b)

c)

图 3-4-11　连接充电枪时的车辆状态

a）插上慢充枪　b）连接充电枪时仪表显示情况　c）车载充电机运行指示灯

4. 车辆基本检查

关闭起动开关，拆下低压蓄电池负极，打开前机舱盖，穿戴好个人防护用具。检查控制单元及线束插头是否存在松动、破损、进水、受潮等现象。

经检查，控制单元及线束插头无松动、破损和受潮现象。

5. 连接故障诊断仪读取故障码

拔下慢充枪，将北汽专用诊断仪与车辆诊断座相连，打开起动开关读取故障码。进入组合仪表控制单元，故障码显示为 U010087，表明与 VCU 通信丢失，如图 3-4-12 所示。

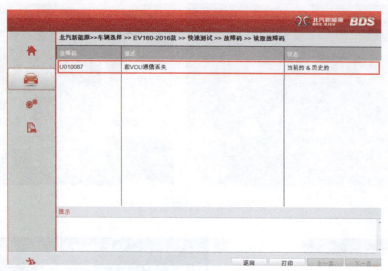

图 3-4-12　读取故障码

6. 查阅电路图，分析故障范围

通过以上检查和分析可得，整车控制器 VCU、电机控制器 MCU、电池管理系统 BMS 均工作正常，且各控制单元之间新能源 CAN 总线通信正常。因此，故障原因可能为：

VCU 至仪表的原车 CAN 总线故障、仪表故障。

结合北汽 EV160 纯电动车电路图，按照故障诊断流程，下面重点检查组合仪表至 VCU 的原车 CAN 总线是否存在故障。

7. 检查组合仪表至 VCU 的原车 CAN 总线

1）关闭起动开关，拆下蓄电池负极，拆下仪表盘装饰罩固定螺栓，取下装饰罩，拆下仪表盘 4 个固定螺栓，取下仪表盘，拔下仪表盘线束插头，拔下整车控制器 VCU 线束 B 插头，如图 3-4-13 所示。

a)

b)

图 3-4-13　检测原车 CAN 总线前的准备工作
a) 关闭起动开关　b) 拆下蓄电池负极

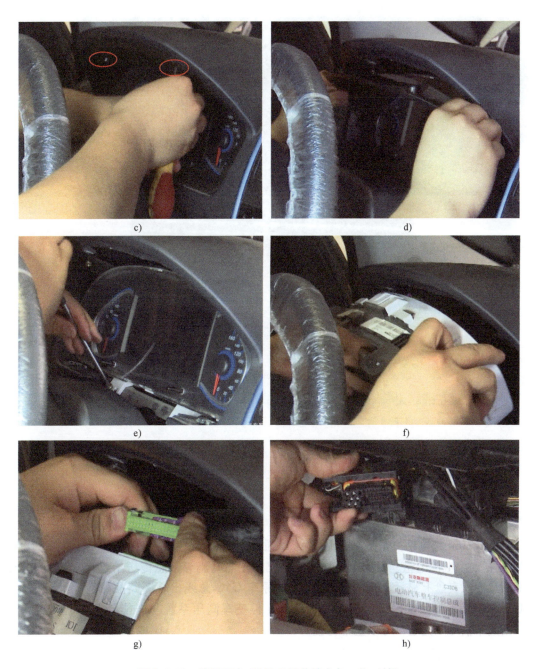

图 3-4-13 检测原车 CAN 总线前的准备工作（续）
c）拆下仪表盘装饰罩固定螺栓　d）取下装饰罩　e）拆下仪表盘 4 个固定螺栓
f）取下仪表盘　g）拔下仪表盘线束插头　h）拔下整车控制器 VCU 线束 B 插头

2）用万用表检测 VCU 的 B 插头 101 端子与仪表线束插头 9 号端子之间电阻，正常值应小于 1Ω。万用表显示无穷大，如图 3-4-14 所示。说明整车控制器 VCU 至仪表的原车 CAN-H 线断路，导致组合仪表无法与 VCU 进行通信。

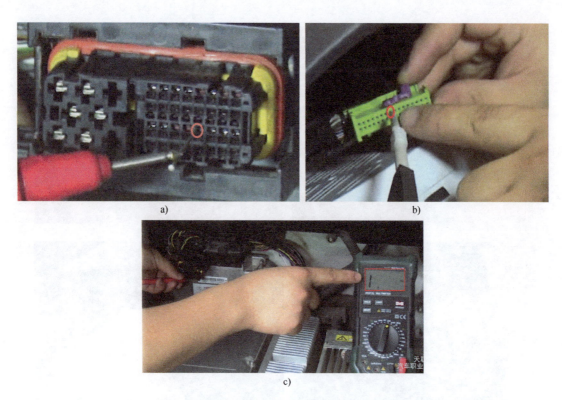

图 3-4-14　检测 VCU 的 B 插头 101 端子与仪表线束插头 9 号端子之间电阻
a) VCU 的 B 插头 101 端子　b) 仪表插头 9 号端子　c) 万用表显示情况

8. 修复该故障

再次试车，故障现象消失，车辆恢复正常。

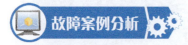

北汽 EV160 纯电动汽车整车控制器 VCU 通过原车 CAN 总线与组合仪表通信，整车控制器 VCU 将动力电池电量、驱动电机功率、档位、充电电流等信息传送给组合仪表，组合仪表将信息在仪表盘上显示。当 VCU 至仪表的原车 CAN 总线出现断路故障后，组合仪表与 VCU 无法通信，导致仪表无法显示相应信息，但整车高压系统与新能源 CAN 总线系统正常，因此车辆可以充电，可以正常行驶。

故障设置：整车控制器常火线熔断器 FB16 断开。

故障现象：仪表盘不显示剩余电量，为 0%；不显示续驶里程；不显示平均电耗；不 READY；不显示档位信息；反复踩下制动踏板，电动真空泵无反应；插上慢充枪，仪表盘不显示充电信息。

故障诊断仪：无法与整车控制器连接，显示 N/A，如图 3-4-15 所示；组合仪表控制单元报码：U010087 和 VCU 通信丢失。

北汽新能源>>	
名称	当前值
整车控制器(VCU)	N/A
驱动电机系统(MCU)(2017年4月1日以前生产)	OK
驱动电机系统(MCU)(2017年4月1日以后生产)	OK
远程监控系统(RMS)	1 DTC

图 3-4-15　故障诊断仪读取故障码

1. 北汽 EV160 纯电动汽车控制单元之间的通信方式有新能源 CAN 总线、原车 CAN 总线和快充 CAN 总线。

2. 北汽 EV160 纯电动汽车整车控制器 VCU 通过原车 CAN 总线与组合仪表通信，整车控制器 VCU 将动力电池电量、驱动电机功率、档位、充电电流等信息传送给组合仪表，组合仪表将信息在仪表盘上显示。

3. 引起仪表不显示新能源车辆信息的故障原因可能有整车控制器 VCU 故障、电机控制器 MCU 故障、动力电池管理系统 BMS 故障、新能源 CAN 总线故障、原车 CAN 总线故障、仪表故障等。

任务工单 3.4

任务名称	仪表无显示故障的诊断与排除	学时	4	班级	
学生姓名		学生学号		任务成绩	
实训设备	北汽 EV160 纯电动汽车 4 辆、XK-XNY-EV16061 型六合一实训台 1 台、车间防护用具 4 套、个人防护用具 4 套、绝缘工具 4 套、常用检测仪器设备（万用表、兆欧表、专用故障诊断仪等）各 4 套、博世 208 测试线 4 套、充电连接线 2 需 4 套。	实训场地	新能源汽车理实一体化教室	日期	
任务描述	一辆北汽 EV160 纯电动汽车，客户反映打开起动开关后仪表盘上的剩余电量、平均电耗、续驶里程、档位等信息均不显示，也不显示 READY，将换档旋钮旋至 D 位，车辆可正常行驶，但功率表停在 0 位不工作。				
任务目的	以行动为导向，引导学生制订计划，按照正确诊断流程诊断和修复故障。在此过程中学习相关理论知识和实践操作技能。				

一、资讯

1. 北汽 EV160 纯电动汽车仪表主要显示有_____、车速表_____、_____、续驶里程、档位指示以及故障指示灯等。

2. 北汽 EV160 纯电动汽车仪表上显示的新能源相关信息是由整车控制器 VCU 经_____总线发送给仪表，然后在仪表上进行显示的。

3. 引起仪表不显示新能源车辆信息的故障原因可能有_____。
_____

二、计划与决策

请根据故障现象和任务要求，确定所需要的检测仪器、工具，并对小组成员进行合理分工，制订详细的诊断和修复计划。

1. 需要的检测仪器、工具及防护用具

2. 小组成员分工

3. 诊断和修复计划

三、实施

1. 试车

进行试车，故障现象与客户描述是否一致：_____。

初步分析_____，导致无法显示新能源车辆信息。

2. 检查组合仪表和中控的故障提示

仪表盘显示情况：_____

中控显示情况：_____

声音警告情况：_____

操作换挡旋钮，车辆运行状态：_____

3. 车辆功能检查

空调系统工作是否正常：_____。

电动真空泵工作是否正常：_____。

连接充电枪，观察仪表盘显示情况：_____。

车载充电机运行灯点亮情况：_____。

能否正常充电：_____。

4. 车辆基本检查

关闭起动开关，拆下低压蓄电池负极，打开前机舱盖，穿戴好个人防护用具，检查车辆高压系统、控制单元及线束插头，有无松动、损坏等现象。

经检查：_____。

5. 连接故障诊断仪读取故障码控制单元可否访问：_____。

有、无故障码_____。故障码：_____。

6. 查阅电路图，分析故障范围

通过以上检查，整车控制器 VCU、电机控制器 MCU、电池管理系统 BMS 均工作正常，且各控制单元之间新能源 CAN 总线通信正常。因此，故障原因可能是以下两个方面：

一是故障_____；

二是仪表故障。

下面检查仪表至 VCU 的原车 CAN 总线是否存在故障。

7. 检查原车 CAN 总线

检测 VCU 的 B 插头 101 端子与仪表线束插头 9 号端子之间电阻，正常值应小于 1Ω。

实测值为_____。

8. 诊断结论

综合以上检查及分析，判定故障点为：_____。

四、检查

故障排除后，用故障诊断仪清除故障码，并进行如下检查：

1. 检查仪表及中控是否还有故障提示：_____。

2. 检查高压上电情况：_____。
3. 检查车辆行驶情况：_____。

五、评估

1. 请根据自己任务完成的情况，对自己的工作进行自我评估，并提出改进意见。

1) _____

2) _____

3) _____

2. 工单成绩（总分为自我评价、组长评价和教师评价得分值的平均值）

自我评价	组长评价	教师评价	总分

学习单元 3.5　车辆续驶里程过短故障的诊断与排除

任务导入

一辆北汽 EV160 纯电动汽车，客户反映近期该车续驶里程较短。经检查，该车驻车制动器过紧，调整后故障现象消失。

学习目标

1. 能根据电动车续驶里程过短的故障现象分析故障原因。
2. 能制订电动车续驶里程过短的故障诊断流程。
3. 能根据故障流程进行电动车续驶里程过短的故障诊断。

故障原因分析

电动车续驶里程就是充一次电其所能行驶的最大公里数。电动车续驶里程受很多因素的影响，其中电动车电池的技术状态、使用者的驾驶方式和习惯、行驶条件（气温、道路状况、负载大小等），对电动车续驶里程的影响比较大。

电动车续驶里程过短可分为非故障性续驶里程过短和故障性续驶里程过短。非故障性续驶里程过短是指车辆运行正常，由"人为"或客观条件所致的续驶里程过短。例如，急起步、急加速、急制动、胎压低、上坡逆风载人超负荷行驶等不科学的操作方式和驾驶习惯，都会造成续驶里程短。另外，长距离高速行驶也会造成续驶里程短。同样的路段、同等的条件下，电动车以 40km/h 的车速会比以 100km/h 车速跑的更远。这是因为长距离高速行驶时，动力电池持续给电机输出大电流，动力电池可用容量与放电电流之间的关系如图 3-5-1 所示。

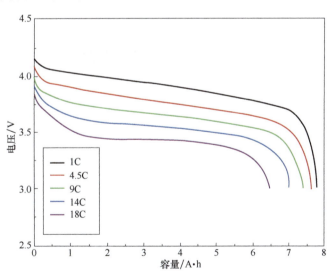

图 3-5-1　动力电池可用容量与放电电流之间的关系

从典型放电曲线图上可以看出，动力电池放电电流越大，放电容量越小，电压下降越快。

气温降低，同样会造成续驶里程短。容量为 1000mA·h 的 STL18650 电池在不同的温度（-20～40℃）条件下的放电曲线如图 3-5-2 所示。如果在 23℃ 时放电容量为 100%，则在 0℃ 时的放电容量降为 78%，而在 -20℃ 时降到 65%，在 40℃ 放电时其放电容量略大于 100%。

电动车故障性续驶里程过短，即由于车上的物理实体运行不良而造成的续驶里程短。动力电池状况的好坏是纯电动车续驶里程长短的关键。如动力电池一致性变差、电池单体故障等都是造成纯电动车续驶里程短的主要原因。另外，制动能量回收失效、制动装置失调、电机效率下降等也会造成续驶里程短。

通过以上分析可得，导致纯电动车续驶里程过短的可能原因如图3-5-3所示。

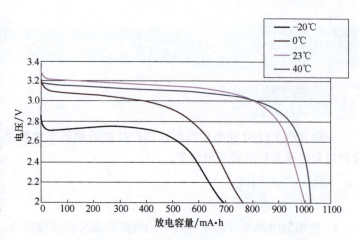

图 3-5-2 动力电池可用容量与温度之间的关系

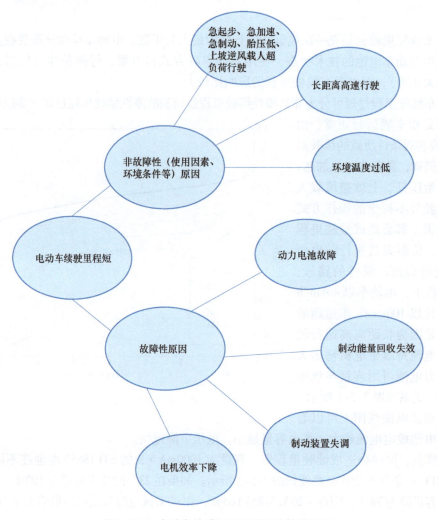

图 3-5-3 电动车续驶里程短的可能故障原因

 **故障诊断流程**

电动车续驶里程过短故障诊断可参考图 3-5-4 所示的诊断流程：在初步检查过程中，通过对仪表和中控显示信息的检查，可以获得故障提示信息；车辆的基本检查，包括碰撞、裂痕、进水、控制单元或部件明显损坏、插接件松动或损坏、油液泄漏等。通过对车辆进行快速的初步检查，结合故障现象可以对故障原因做出初步判断。

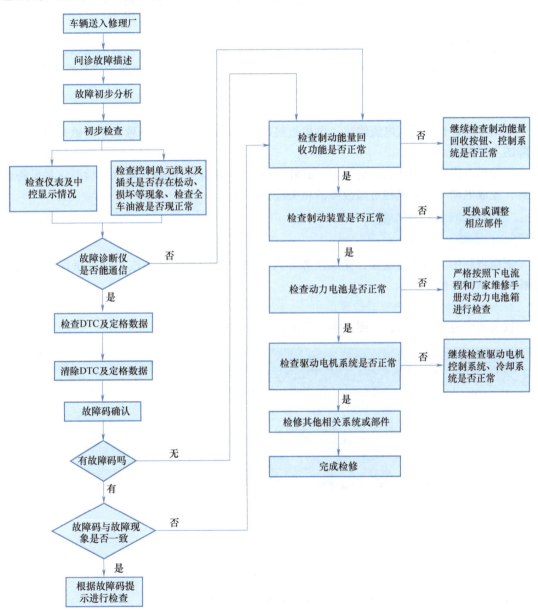

图 3-5-4　电动车续驶里程过短故障诊断流程

电动车续驶里程短是一个综合而复杂的故障。排除非故障性原因后，在对电动车故障性续驶里程短的检测诊断过程中，应先易后难、先简后繁。

1. 检查制动能量回收功能是否正常

新能源汽车的制动能量回收对整车续驶里程的增加有一定的贡献率。通过试车，检查制动能量回收功能是否正常。北汽 EV160 纯电动汽车制动能量回收系统包括制动能量回收强度调节按钮、整车控制器 VCU、新能源 CAN 总线、驱动电机控制器 MCU 等。制动能量回收强度调节信号送给 VCU，VCU 通过新能源 CAN 总线与 MCU 通信，MCU 进而调节制动能量回收强度。

2. 检查电动车制动装置是否正常

电动车制动装置失调，行驶摩擦阻力增大，也会使电动车续驶里程缩短。

3. 检查动力电池是否正常

通过故障诊断仪读取动力电池静态和动态状况下的数据流，分析动力电池包、单体电池是否存在故障，BMS 系统的 SOC 估算是否正常。另外，检查动力电池的加热系统是否正常。如需拆卸检查，请严格按厂家维修手册进行。

4. 电动车电机效率下降。

电动车电机长时间大电流输出、电机过热以及剧烈的机械振动导致磁钢退磁是电机效率下降的主要原因。

可使用万用表、兆欧表、电流钳、红外测温仪、示波器、故障诊断仪等检测仪器设备或工具，完成电动车续驶里程过短故障的相关检查项目。

下面将利用上述诊断流程，完成任务导入中北汽 EV160 纯电动汽车续驶里程过短故障的检测、诊断与修复。

1. 检查组合仪表和中控的故障提示

仪表和中控显示正常，如图 3-5-5 所示。

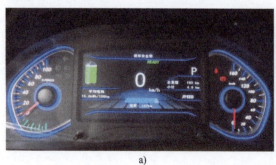

a)   b)

图 3-5-5　检查仪表和中控
a）仪表显示情况　b）中控显示情况

2. 试车

经过试车，车辆制动能量回收系统正常，如图 3-5-6 所示。

3. 车辆基本功能检查

关闭起动开关，插上慢充枪，观察充电情况。仪表盘上充电连接指示灯正常点亮，充电显示 333V、-10A，显示续驶里程，充电系统正常，如图 3-5-7 所示。

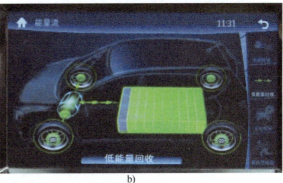

a)　　　　　　　　　　　　　　b)

图 3-5-6　检查制动能量回收系统

a）仪表上能量回收显示　b）中控上能量回收显示

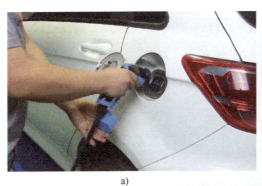
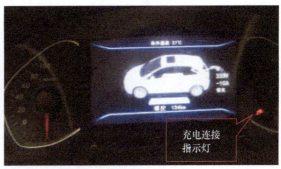

a)　　　　　　　　　　　　　　b)

c)

图 3-5-7　连接充电枪时的车辆状态

a）插上慢充枪　b）连接充电枪时仪表显示　c）车载充电机运行指示灯

4. 车辆基本检查

关闭起动开关，拆下低压蓄电池负极，打开前机舱盖，穿戴好个人防护用具。检查控制单元及线束插头是否存在松动、破损、进水、受潮等现象。

经检查，控制单元及线束插头无松动、破损和受潮现象。

5. 连接故障诊断仪读取故障码和数据流

拔下慢充枪，将北汽专用诊断仪与车辆诊断座相连，打开起动开关读取数据流。进入 BMS 控制单元，数据流显示如图 3-5-8 所示，数据表明动力电池系统正常。

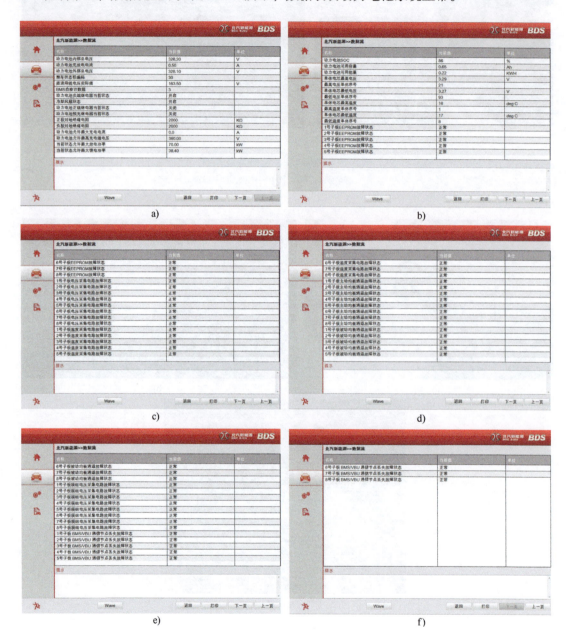

图 3-5-8　读取 BMS 数据流

a）BMS 数据流界面 1　b）BMS 数据流界面 2　c）BMS 数据流界面 3
d）BMS 数据流界面 4　e）BMS 数据流界面 5　f）BMS 数据流界面 6

6. 检查该车制车系统

发现驻车制动器调整过紧，调整驻车制动器（手刹）。

7. 客户使用一段时间后反馈，故障现象消失，车辆恢复正常。

北汽 EV160 纯电动汽车理想情况下续驶里程 160km。实际上，纯电动车续驶里程受使用者的驾驶行为和环境温度影响。当动力电池出现故障或制动能量回收系统、充电系统出现故障，或者驻车制动器调整不当，也会影响续驶里程。

故障设置：拔下车载充电机控制插头。

故障现象：起动开关 OFF，插上充电枪，仪表盘无任何显示；打开起动开关，仪表显示 READY，车辆可正常行驶。

故障诊断仪：VCU 报码：P0A0A94，高低压互锁故障。

1. 电动车电池的技术状态、使用者的驾驶方式和习惯、行驶条件（气温、道路状况、负载大小等），对电动车续驶里程的影响比较大。

2. 电动车续驶里程过短可分为非故障性续驶里程过短和故障性续驶里程过短。非故障性续驶里程过短，例如，急起步、急加速、急制动、胎压低、上坡逆风、载人超负荷行驶等不科学的操作方式和驾驶习惯，都会造成续驶里程短。

3. 电动车故障性续驶里程过短，如动力电池一致性变差、电池单体故障等是造成纯电动车续驶里程短的主要原因。另外，制动能量回收失效、制动装置失调、电机效率下降等也会造成续驶里程短。

任务工单 3.5

任务名称	车辆续驶里程过短故障的诊断与排除	学时	4	班级	
学生姓名		学生学号		任务成绩	
实训设备	北汽 EV160 纯电动汽车 4 辆、车间防护用具 4 套、个人防护用具 4 套、绝缘工具 4 套、常用检测仪器设备（万用表、兆欧表、专用故障诊断仪等）各 4 套、博世 208 测试线 4 套、充电连接线 2 需 4 套。	实训场地	新能源汽车理实一体化教室	日期	
任务描述	一辆北汽 EV160 纯电动汽车，客户反映近期该车续驶里程较短。				
任务目的	以行动为导向，引导学生制订计划，按照正确诊断流程诊断和修复故障。在此过程中学习相关理论知识和实践操作技能。				

一、资讯

1. 电动车续驶里程受电动车电池的技术状态、_____、_____（气温、道路状况、负载大小等）等因素的影响。

2. 急起步、_____、急制动、_____、上坡逆风、载人超负荷行驶等不科学的操作方式和驾驶习惯，都会造成续驶里程短。另外，长距离高速行驶也会造成续驶里程短。_____，同样会造成续驶里程短。

3. 下图说明：动力电池放电电流_____，放电容量越小，电压下降更快。

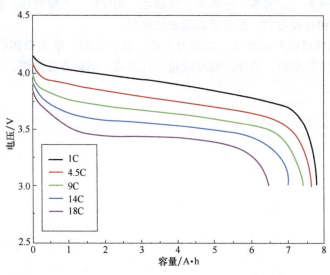

4. 动力电池状况的好坏是纯电动车续驶里程长短的关键。如动力电池一致性变差、_____等是造成纯电动车续驶里程短的主要原因。另外，_____、制动装置失调、电机效率下降等也会造成续驶里程短。

二、计划与决策

请根据故障现象和任务要求，确定所需要的检测仪器、工具，并对小组成员进行合理分工，制订详细的诊断和修复计划。

1. 需要的检测仪器、工具及防护用具

2. 小组成员分工

3. 诊断和修复计划

三、实施
1. 检查组合仪表和中控的故障提示
仪表盘显示情况：_____
中控显示情况：_____
声音警告情况：_____
操作换档旋钮，车辆运行状态：_____
2. 试车
进行试车，车辆制动能量回收系统是否正常：_____。
3. 车辆功能检查
连接充电枪，观察仪表盘显示情况：_____。
车载充电机运行灯点亮情况：_____。
能否正常充电：_____。
4. 车辆基本检查
关闭起动开关，拆下低压蓄电池负极，打开前机舱盖，穿戴好个人防护用具，检查车辆高压系统、控制单元及线束插头，有无松动、损坏等现象。
经检查：_____。
5. 连接故障诊断仪读取故障码
控制单元可否访问：_____
1) 有、无故障码：_____。故障码：_____。
2) 读取数据流

动力电池内部总电压		单体电芯最高电压	
动力电池外部总电压		单体电芯最低电压	
动力电池 SOC		单体电芯最高温度	
动力电池可用容量		单体电芯最低温度	

BMS 数据流表明，动力电池系统是否正常：_____。
6. 检查驻车制动器
驻车制动器是否正常：_____。
7. 诊断结论
综合以上检查及分析，判定故障点为：_____。

四、检查
故障排除后，用故障诊断仪清除故障码，并进行如下检查：
1. 检查仪表及中控是否还有故障提示：_____。
2. 检查高压上电情况：_____。
3. 检查车辆行驶情况：_____。

五、评估

1. 请根据自己任务完成的情况，对自己的工作进行自我评估，并提出改进意见。

1) _____

_____

2) _____

_____

2. 工单成绩（总分为自我评价、组长评价和教师评价得分值的平均值）

自我评价	组长评价	教师评价	总分

学习单元 3.6　车辆无法加速故障的诊断与排除

一辆北汽 EV160 纯电动汽车，客户反映踩下加速踏板无反应，车辆无法加速，仪表上显示车辆进入跛行状态。经检查，加速踏板位置传感器损坏，更换加速踏板总成后故障消失。

1. 能根据车辆无法加速的故障现象分析故障原因。
2. 能制订车辆无法加速的故障诊断流程。
3. 能根据故障流程进行车辆无法加速的故障诊断。

驾驶人的加速、减速等驾驶意图是由整车控制器 VCU 解析并通过电机控制器驱动电机完成，如图 3-6-1 所示。

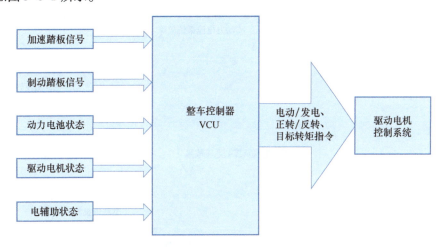

图 3-6-1　整车驱动控制原理

整车控制器 VCU 通过整车状态信息（加速踏板位置信号、制动踏板位置信号、当前车速和整车是否有故障信息等）来判断出当前需要的整车驾驶需求（如起步、加速、减速、匀速行驶、跛行、限车速、紧急断高压）。

VCU 根据整车工况、动力电池系统和电机驱动系统状态计算出当前车辆需要的转矩。各工况下的转矩需求：

紧急故障工况：零转矩后切断高压；

怠速工况：目标车速 7km/h；

加速工况：加速踏板的跟随；

121

能量回收工况：发电；
零扭矩工况：零转矩；
跛行工况：限功率、限车速。

动力电池的允许放电功率受温度、剩余电量 SOC 限制，驱动电机的输出功率受温度限制。导致车辆无法加速的可能故障原因主要有加速踏板位置传感器故障、动力电池系统故障、驱动电机及控制系统故障等，如图 3-6-2 所示。

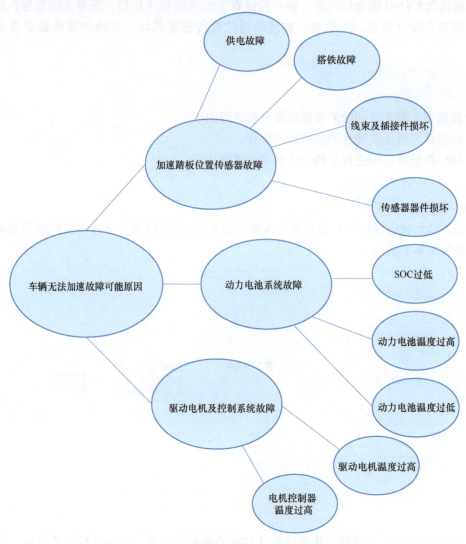

图 3-6-2　车辆无法加速的可能故障原因

车辆无法加速故障诊断可参考图 3-6-3 所示的诊断流程：在初步检查过程中，通过对仪表和中控显示信息的检查，可以获得故障提示信息；车辆的基本检查，包括碰撞、裂痕、进水、控制单元或部件明显损坏、插接件松动或损坏、油液泄漏等。通过对车辆进行快速的初

122

步检查，结合故障现象可以对故障原因做出初步判断。

动力电池剩余电量、温度、驱动电机系统温度等可通过观察仪表或使用故障诊断仪读取数据流的方式快速获得。另外，可使用万用表、兆欧表、电流钳、红外测温仪、示波器等检测仪器设备或工具，完成车辆无法加速故障的相关检查项目。

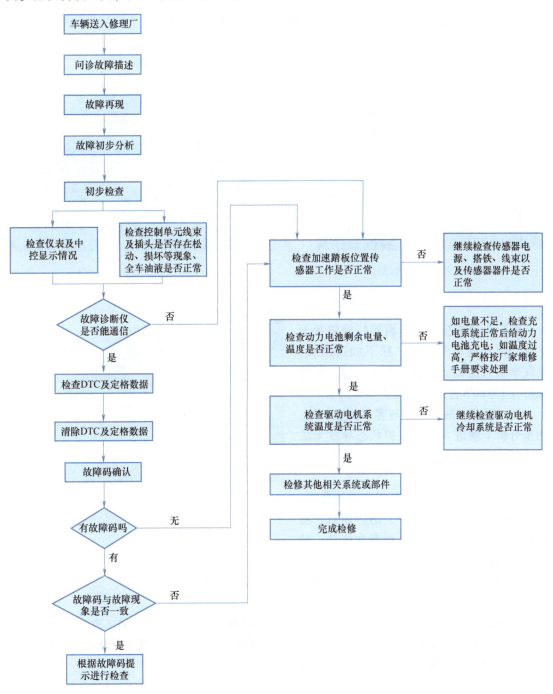

图 3-6-3　车辆无法加速故障诊断流程

 **故障诊断与修复**

下面将利用上述诊断流程，完成任务导入中车辆无法加速故障的检测、诊断与修复。

1. 检查组合仪表和中控的故障提示

打开起动开关，仪表盘上部显示"车辆进入跛行状态"，仪表盘下部两个故障灯点亮，一个是跛行指示灯，另一个是系统故障灯，如图 3-6-4 所示。

观察中控显示屏，中控显示屏闪烁显示轻度故障，如图 3-6-5 所示。

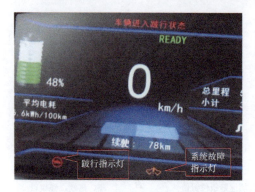

图 3-6-4　组合仪表故障提示

图 3-6-5　中控故障提示信息

2. 试车

踩下制动踏板，将车辆换档旋钮置于 D 位，松开驻车制动器，踩下加速踏板，发现车辆只能低速行驶，无法加速，车速维持在 15km/h 左右，如图 3-6-6 所示。

经过试车，故障现象与客户描述一致。初步分析车辆进入应急保护状态导致无法加速。

3. 车辆基本检查

关闭起动开关，拆下低压蓄电池负极，打开前机舱盖，穿戴好个人防护用具。检查控制单元及线束插头是否存在松动、破损、进水、受潮等现象。

图 3-6-6　车速只能维持 15km/h

经检查，控制单元及线束插头无松动、破损和受潮现象。

4. 连接故障诊断仪读取故障码

关闭起动开关，将北汽专用诊断仪与车辆诊断座相连，打开起动开关，进入整车控制器读取故障码，屏幕显示两个故障码，即 P060D1C（加速踏板信号错误）和故障码 P060D64（加速踏板信号校验错误），如图 3-6-7 所示。

5. 查阅电路图，分析故障范围

加速踏板位置传感器与整车控制器 VCU 的连接情况如图 3-6-8 所示。V9--T6/2、V28--T6/1 分别为加速踏板位置传感器 1、加速踏板位置传感器 2 的电源线，V53--T6/3、V52--

T6/5 分别为加速踏板位置传感器 1、加速踏板位置传感器 2 的搭铁线，V6--T6/4、V25--T6/6 分别为加速踏板位置传感器 1、加速踏板位置传感器 2 的信号线。

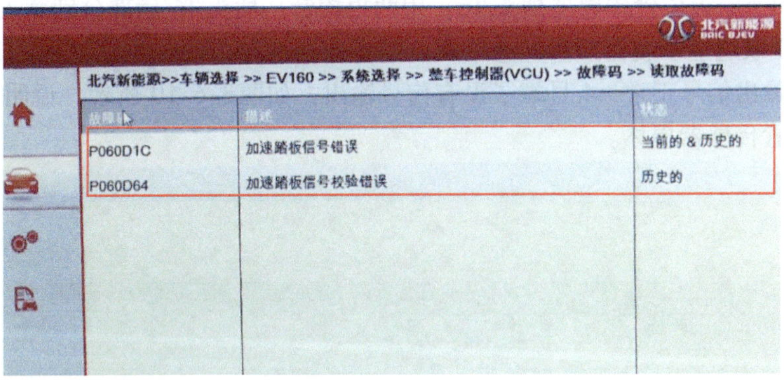

图 3-6-7 读取故障码

根据以上试验和分析，结合故障码提示，车辆无法加速的故障原因可能是以下三个方面：

一是 VCU 至加速踏板位置传感器的线束及插接件故障；

二是加速踏板位置传感器器件故障；

三是 VCU 故障。

下面依次进行检查。

6. 检查加速踏板位置传感器相关电路

1）关闭起动开关，拔下加速踏板位置传感器插头，打开起动开关，用万用表检测加速踏板位置传感器插头 T6 上的 1 号、2 号端子与搭铁之间的电压，万用表均显示 5V 电压，说明传感器供电电路正常，加速踏板位置传感器插头如图 3-6-9 所示。

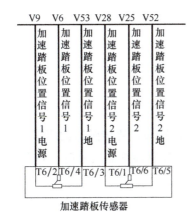

图 3-6-8 加速踏板位置传感器电路图

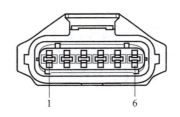

图 3-6-9 加速踏板位置传感器插头

2）关闭起动开关，用万用表检测加速踏板位置传感器插头 T6 上的 3 号、5 号端子与搭铁之间的电阻，万用表均显示小于 1Ω，说明传感器搭铁电路正常。

3）插上加速踏板位置传感器插头 T6，用两根探针从插头 T6 后部分别刺入 4 号、6 号端子，用 FSA740 双通道示波器观察加速踏板位置传感器两路信号，当踩下加速踏板时，发现只有 6 号端子输出信号正常，4 号端子没有信号输出，如图 3-6-10 所示，说明 4 号端子对应的加速踏板位置传感器损坏。

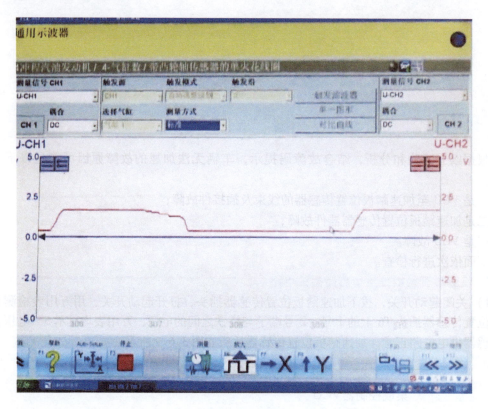

图 3-6-10　检测加速踏板位置传感器波形

7. 更换加速踏板总成

再次试车，故障现象消失，车辆恢复正常。

北汽 EV160 纯电动汽车整车控制器 VCU 采集加速踏板位置传感器的两路信号。当一个加速踏板位置传感器损坏，VCU 只收到一路加速踏板位置传感器信号时，VCU 使车辆进入应急保护的跛行状态，导致无法加速。

故障设置：拔下 DCDC 低压插头。

故障现象：仪表显示 READY，显示蓄电池故障，充电指示灯亮，车辆可行驶。

故障诊断仪：VCU 可以访问，故障码为 P0A9409，描述为 DCDC 故障，状态为当前的 & 历史的，如图 3-6-11 所示。

图 3-6-11　读取故障码

1. 整车控制器 VCU 通过整车状态信息（加速踏板位置信号、制动踏板位置信号、当前车速和整车是否有故障信息等）来判断出当前需要的整车驾驶需求（如起步、加速、减速、匀速行驶、跛行、限车速、紧急断高压）。

2. 动力电池的允许放电功率受温度、剩余电量 SOC 限制，驱动电机的输出功率受温度限制。

3. 导致车辆无法加速的可能故障原因主要有加速踏板位置传感器故障、动力电池剩余电量低或温度过高、驱动电机及控制器温度过高等。

任务工单3.6

任务名称	车辆无法加速故障的诊断与排除	学时	4	班级	
学生姓名		学生学号		任务成绩	
实训设备	北汽 EV160 纯电动汽车 4 辆、XK-XNY-EV16061 型六合一实训台 1 台、车间防护用具 4 套、个人防护用具 4 套、绝缘工具 4 套、常用检测仪器设备（万用表、兆欧表、专用故障诊断仪等）各 4 套、博世 208 测试线 4 套、充电连接线 2 需 4 套。	实训场地	新能源汽车理实一体化教室	日期	
任务描述	一辆北汽 EV160 纯电动汽车，客户反映踩下加速踏板无反应，车辆无法加速，仪表上显示车辆进入跛行状态。				
任务目的	以行动为导向，引导学生制订计划，按照正确诊断流程诊断和修复故障。在此过程中学习相关理论知识和实践操作技能。				

一、资讯

1. 动力电池的允许放电功率受_____、剩余电量 SOC 限制，驱动电机的输出转矩受限制。
2. 导致车辆无法加速的可能故障原因主要有加速踏板位置传感器故障、_____、_____等。
3. 标出下图电路图端子的作用

V9：_____

V6：_____

V53：_____

V28：_____

V25：_____

V52：_____

二、计划与决策

请根据故障现象和任务要求，确定所需要的检测仪器、工具，并对小组成员进行合理分工，制订详细的诊断和修复计划。

1. 需要的检测仪器、工具及防护用具

2. 小组成员分工

3. 诊断和修复计划

三、实施

1. 检查组合仪表和中控的故障提示

仪表盘显示情况：_____

中控显示情况：_____

声音警告情况：_____

操作换档旋钮，车辆运行状态：_____

2. 试车

进行试车，故障现象与客户描述是否一致：_____。

初步分析_____，导致无法加速。

3. 车辆基本检查

关闭起动开关，拆下低压蓄电池负极，打开前机舱盖，穿戴好个人防护用具，检查车辆高压系统、控制单元及线束插头，有无松动、损坏等现象。

经检查：_____。

4. 连接故障诊断仪读取故障码

控制单元可否访问：_____。

有、无故障码：_____。故障码：_____。

5. 查阅电路图，分析故障范围

根据以上试验和分析，结合故障码提示，车辆无法加速的故障原因可能是以下三个方面：

一是_____；

二是_____；

三是 VCU 故障。

6. 检查加速踏板位置传感器

1）关闭起动开关，拔下加速踏板位置传感器插头，打开起动开关，用万用表检测加速踏板位置传感器插头 T6 上的 1 号、2 号端子与搭铁之间的电压，应为 5V 左右，实测值为_____V，说明_____。

加速踏板插件 T6

2）关闭起动开关，用万用表检测加速踏板位置传感器插头 T6 上的 3 号、5 号端子与搭铁之间的电阻，正常应小于 1Ω，实测值为_____Ω，说明_____。

3）插上加速踏板位置传感器插头 T6，用两根探针从插头 T6 后部分别刺入 4 号、6 号端子，用 FSA740 双通道示波器观察加速踏板位置传感器两路信号，请将加速踏板位置传感器波形绘制在下表中。

加速踏板位置传感器波形检测

观察波形是否正常：_____。

7. 诊断结论

综合以上检查及分析，判定故障点为：_____。

四、检查

故障排除后，用故障诊断仪清除故障码，并进行如下检查：

1. 检查仪表及中控是否还有故障提示：_____。
2. 检查高压上电情况：_____。
3. 检查车辆行驶情况：_____。

五、评估

1. 请根据自己任务完成的情况，对自己的工作进行自我评估，并提出改进意见。

1) _____
_____

2) _____
_____

3) _____
_____

2. 工单成绩（总分为自我评价、组长评价和教师评价得分值的平均值）

自我评价	组长评价	教师评价	总分

学习单元 3.7　车辆无法行驶故障的诊断与排除

一辆北汽 EV160 纯电动汽车，客户反映换档旋钮旋至 D 位后仪表上 N 位闪烁，车辆无法行驶。经检查，电子换档旋钮端子 B2 与 VCU 之间信号线存在断路故障，修复线束后故障消失。

1. 能根据车辆无法行驶的故障现象分析故障原因。
2. 能制订车辆无法行驶的故障诊断流程。
3. 能根据故障流程进行车辆无法行驶的故障诊断。

纯电动车无法行驶故障，可分为机械系统故障和电气系统故障。机械系统故障，如减速器故障、悬架故障、半轴故障等，此处不再叙述，本文重点说明电气系统故障导致的车辆无法行驶。

纯电动车由动力电池作为储能动力源，通过动力电池向电机提供电能，驱动电机运转，从而推动汽车前进。纯电动汽车典型结构框图如图 3-7-1 所示。

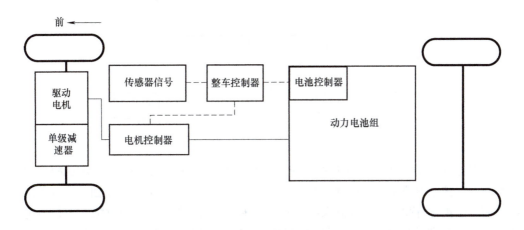

图 3-7-1　纯电动汽车典型结构框图

纯电动车整车在电气系统上可分为低压控制系统和高压回路系统。低压控制系统以整车控制器 VCU 为控制中心，如图 3-7-2 所示。整车控制器（VCU）主要是判断操纵者意愿，根据车辆行驶状态、电池和电机系统的状态合理分配动力，使车辆运行在最佳状态。整车控制器通过 CAN 总线实时与电机驱动系统、动力电池管理系统等各系统通信，并通过加速踏板位置、制动踏板位置、档位、车速等信号获取整车状态并判断出当前需要的整车工作模式（如起步、加速、减速、匀速行驶、制动能量回收等）。

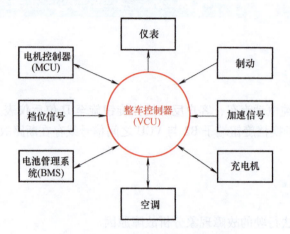

图 3-7-2　纯电动汽车低压控制系统

纯电动车高压回路系统如图 3-7-3 所示。高压系统主要有动力电池箱（内部有高压正、负极接触器）、高压控制盒、电机控制器、驱动电机、快充口、慢充口、电动空调压缩机、DC/DC 转换器、空调 PTC 加热器、车载充电机等高压部件及高压线束。

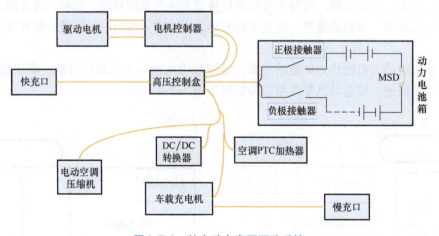

图 3-7-3　纯电动车高压回路系统

在整车控制器 VCU 判定低压控制系统和高压回路系统正常的情况下，VCU 根据当前工况及驾驶人驾驶意图控制车辆正常行驶。因此，低压控制系统故障或高压回路系统故障均会导致车辆无法正常行驶。低压控制系统故障主要有 VCU 故障、传感器故障、通信故障、控制器故障、执行器故障等，高压回路故障主要有绝缘故障、高压部件故障、高压线束故障等。

低压控制系统和高压回路系统正常与否，直接影响车辆高压系统是否上电。因此，对于车辆无法行驶故障的可能原因分析，可从高压上电后的车辆无法行驶、高压不上电导致的车辆无法行驶两个方面着手，如图 3-7-4 所示。

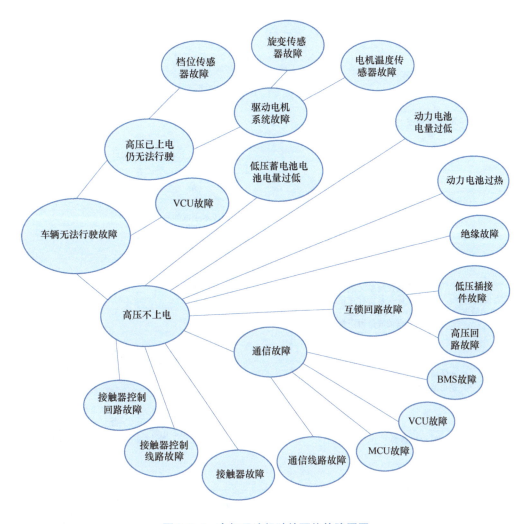

图 3-7-4 车辆无法行驶的可能故障原因

故障诊断流程

车辆无法行驶故障诊断可参考图 3-7-5 所示的诊断流程：在初步检查过程中，通过对仪表和中控显示信息的检查，可以获得故障提示信息；车辆的基本检查，包括碰撞、裂痕、进水、控制单元或部件明显损坏、插接件松动或损坏、油液泄漏等。通过对车辆进行快速的初步检查，结合故障现象可以对故障原因做出初步判断。

对车辆无法行驶故障的诊断与排除，先判定高压是否已上电。如果高压不上电，可按照高压不上电的故障诊断流程进行排除。车辆仪表及中控如有相应故障提示，结合故障诊断仪读取的故障码和数据流，可快速缩小故障范围。

可使用万用表、兆欧表、电流钳、红外测温仪、示波器等检测仪器设备或工具，完成车辆无法行驶故障的相关检查项目。

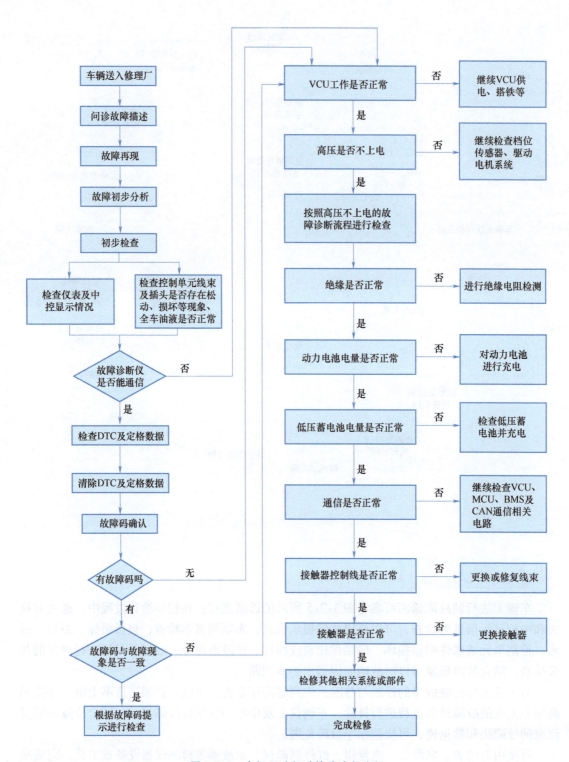

图 3-7-5　车辆无法行驶故障诊断流程

 **故障诊断与修复**

下面将利用上述诊断流程，完成任务导入中车辆无法行驶故障的检测、诊断与修复。

1. 试车

经过试车，故障现象与客户描述一致。初步分析故障为车辆高压系统上电后的无法行驶。

2. 检查组合仪表和中控的故障提示

打开起动开关，观察仪表盘显示情况，仪表盘能显示剩余电量、显示平均电耗、显示续驶里程、N 位指示灯闪烁、仪表盘显示 READY；将换档旋钮旋至 D 位，档位指示位置仍是 N 位指示灯闪烁，系统故障灯点亮，车辆无法正常行驶，如图 3-7-6 所示。

观察中控显示屏，中控显示屏闪烁显示微度故障，如图 3-7-7 所示。

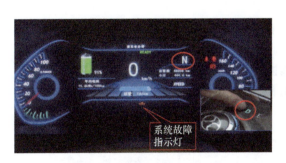

图 3-7-6　组合仪表故障提示

图 3-7-7　中控故障提示信息

3. 车辆功能检查

1）打开起动开关，操作空调控制面板，空调系统工作正常，如图 3-7-8 所示。

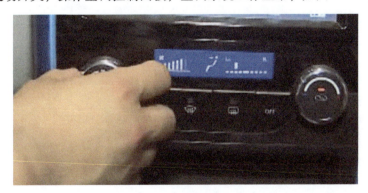

图 3-7-8　检查空调控制系统

2）反复踩下制动踏板，能听到电动真空泵工作的声音，电动真空泵工作正常，如图 3-7-9 所示，说明 VCU 工作正常。

4. 车辆基本检查

关闭起动开关，拆下低压蓄电池负极，打开前机舱盖，穿戴好个人防护用具。检查控制

135

单元及线束插头是否存在松动、破损、进水、受潮等现象。

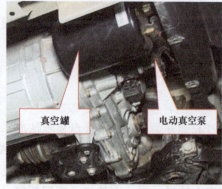

图 3-7-9　检查真空泵控制

经检查，控制单元及线束插头无松动、破损和受潮现象。

5. 连接故障诊断仪读取故障码

关闭起动开关，将北汽专用诊断仪与车辆诊断座相连，打开起动开关，进入整车控制器读取故障码，故障码为 P078001，描述为档位故障，状态为当前的 & 历史的，如图 3-7-10 所示。

图 3-7-10　读取故障码

6. 查阅电路图，分析故障范围

查阅 EV160 电路图，电子换档旋钮与整车控制器 VCU 的连接情况如图 3-7-11 所示。电子换档旋钮的 B1 端子为电源端，B6 为搭铁端，V91—B2 为档位信号 1 信号线，V83—B3 为档位信号 2 信号线，V90—B4 为档位信号 3 信号线，V82—B5 为档位信号 4 信号线。B7、B9 为背光灯的电源和搭铁。

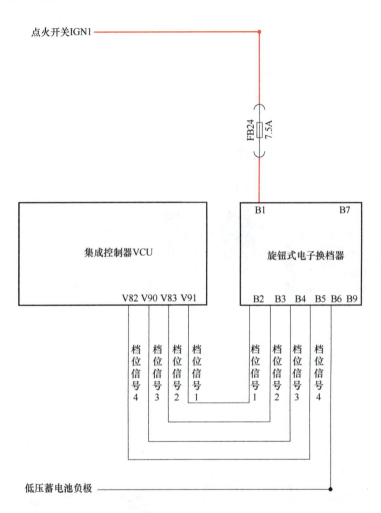

图 3-7-11　电子换档旋钮与 VCU 连接的电路图

根据以上试验和分析，整车控制器 VCU 工作正常，结合故障码信息，将故障范围缩小至三个方面：电子换档旋钮供电故障；电子换档旋钮至 VCU 信号线故障；电子换档旋钮自身故障。

下面依次进行检查。

7. 检查电子换档旋钮相关电路

1）关闭起动开关，拆下电子换档旋钮周围附件，拆下电子换档旋钮固定螺栓，拔下电子换档旋钮线束插头。检测前的准备的工作如图 3-7-12 所示。

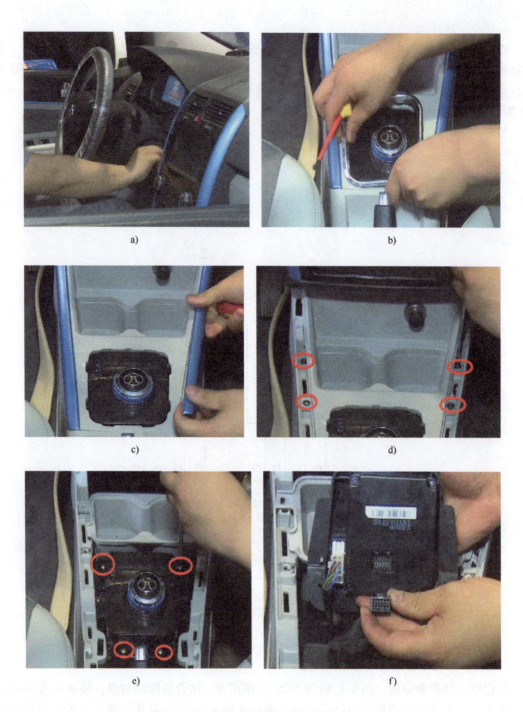

图 3-7-12　检测电子换档旋钮前的准备工作

a）关闭起动开关　b）拆下电子换档旋钮周围附件 1　c）拆下电子换档旋钮周围附件 2
d）拆下电子换档旋钮附件 3 固定螺栓　e）拆下电子换档旋钮固定螺栓　f）拔下电子换档旋钮线束插头

2）用万用表检测端子 B6 与搭铁之间电阻，万用表显示为 0.91Ω，如图 3-7-13 所示，说明电子换档旋钮搭铁正常。

a) b)

图 3-7-13　万用表检测端子 B6 与搭铁之间电阻

a）电子换档旋钮线束插头 B6 端子　b）万用表显示测量电阻

3）打开起动开关，用万用表检测端子 B1 与搭铁之间电压，万用表显示为电源电压，如图 3-7-14 所示，说明电子换档旋钮供电正常。

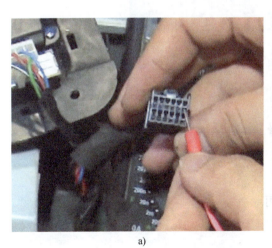 

a) b)

图 3-7-14　万用表检测端子 B1 与搭铁之间电压

a）电子换档旋钮线束插头 B1 端子　b）万用表显示测量电压

4）关闭起动开关，用万用表分别检测端子 B2、B3、B4、B5 与 VCU 对应端子 91、83、90、82 之间电阻，阻值应小于 1Ω。经检测，电子换档旋钮端子 B2 与 VCU 端子 91 之间电阻为无穷大，如图 3-7-15 所示，说明电子换档旋钮端子 B2 与 VCU 端子 91 之间线路存在断路故障。

图 3-7-15 测量电子换档旋钮端子 B2 与 VCU 端子 91 之间线路电阻

a) 电子换档旋钮线束插头 B2 端子 b) VCU-91 号端子 c) 万用表显示测量电阻

8. 修复该故障

再次试车，故障现象消失，车辆恢复正常。

 故障案例分析

北汽 EV160 纯电动汽车电子换档旋钮采用 4 个光电传感器（图 3-7-16）进行编码，每个档位对应一个编码。整车控制器 VCU 接收电子换档旋钮的 4 路信号，进行运算比较分析后确定此时驾驶人的选档意图是前进、倒车还是空档。当有一路编码信号出现故障时，VCU 不能正确识别驾驶意图，导致车辆无法行驶。

图 3-7-16 电子换档旋钮端的 4 个光电传感器

拓展试验

故障设置：断开整车控制器 VCU 端（111 端子）CAN-H 总线。

故障现象：仪表不显示剩余电量、不显示续驶里程、显示平均电耗、提示请尽快充电、不 READY、仪表盘下部三个故障灯点亮、档位指示位置 OFF 灯点亮，车辆无法行驶。

故障诊断仪：整车控制器 VCU、驱动电机控制器 MCU、车载充电机 OBC、空调控制系统、动力电池系统 BMS 均无法访问。

1. 纯电动车汽车在电气系统上可分为低压控制系统和高压回路系统。
2. 低压控制系统故障或高压回路系统故障均会导致车辆无法正常行驶。低压控制系统故障主要有传感器故障、通信故障、控制器故障、执行器故障等，高压回路系统故障主要有绝缘故障、高压部件故障、高压线束故障等。
3. 对于车辆无法行驶故障的可能原因分析，可从高压上电后的车辆无法行驶、高压不上电导致的车辆无法行驶两个方面着手。

任务工单 3.7

任务名称	车辆无法行驶故障的诊断与排除	学时	4	班级	
学生姓名		学生学号		任务成绩	
实训设备	北汽 EV160 纯电动汽车 4 辆、XK-XNY-EV16061 型六合一实训台 1 台、车间防护用具 4 套、个人防护用品 4 套、绝缘工具 4 套、常用检测仪器设备（万用表、兆欧表、专用故障诊断仪等）各 4 套、博世 208 测试线 4 套。	实训场地	新能源汽车理实一体化教室	日期	
任务描述	一辆北汽 EV160 纯电动汽车，客户反映换档旋钮旋至 D 位后仪表上 N 位闪烁，车辆无法行驶。				
任务目的	以行动为导向，引导学生制订计划，按照正确诊断流程诊断和修复故障。在此过程中学习相关理论知识和实践操作技能。				

一、资讯

1. 纯电动车汽车在电气系统上可分为＿＿＿＿系统和＿＿＿＿系统。低压控制系统以整车控制器 VCU 为控制中心。

2. 低压控制系统故障主要有传感器故障、＿＿＿＿、＿＿＿＿、执行器故障等，高压回路系统故障主要有绝缘故障、＿＿＿＿、＿＿＿＿、＿＿＿＿等。

3. 请简单描述下图的控制关系。

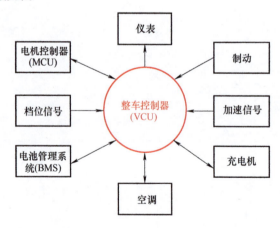

二、计划与决策

请根据故障现象和任务要求，确定所需要的检测仪器、工具，并对小组成员进行合理分工，制订详细的诊断和修复计划。

1. 需要的检测仪器、工具及防护用具

2. 小组成员分工

3. 诊断和修复计划

三、实施

1. 试车

进行试车，故障现象与客户描述是否一致：＿＿＿＿＿＿＿。

初步判断，车辆高压系统能否正常上电：＿＿＿＿＿＿＿。

2. 检查组合仪表和中控的故障提示

仪表盘显示情况：＿＿＿＿＿＿＿＿＿＿＿＿＿＿＿＿＿＿＿＿＿＿＿＿＿＿＿＿＿＿

中控显示情况：＿＿＿＿＿＿＿＿＿＿＿＿＿＿＿＿＿＿＿＿＿＿＿＿＿＿＿＿＿＿＿

声音警告情况：＿＿＿＿＿＿＿＿＿＿＿＿＿＿＿＿＿＿＿＿＿＿＿＿＿＿＿＿＿＿＿

操作换档旋钮，车辆运行状态：＿＿＿＿＿＿＿＿＿＿＿＿＿＿＿＿＿＿＿＿＿＿＿

3. 车辆基本检查

关闭起动开关，拆下低压蓄电池负极，打开前机舱盖，穿戴好个人防护用具，检查车辆高压系统、控制单元及线束插头，有无松动、损坏等现象。

经检查：＿＿＿＿＿＿＿＿＿＿＿＿＿＿＿＿＿＿＿＿＿＿＿＿＿＿＿＿＿＿＿＿＿＿＿＿＿。

4. 车辆功能检查

空调系统工作是否正常：＿＿＿＿＿＿＿＿＿＿＿＿＿＿＿。

电动真空泵工作是否正常：＿＿＿＿＿＿＿＿＿＿＿＿＿＿＿。

连接充电枪，观察仪表盘显示情况：＿＿＿＿＿＿＿＿＿＿＿＿＿＿＿＿＿＿＿＿＿＿。

车载充电机运行灯点亮情况：＿＿＿＿＿＿＿＿＿＿＿＿＿。

能否正常充电：＿＿＿＿＿＿＿＿＿＿。

5. 连接故障诊断仪读取故障码

控制单元可否访问：＿＿＿＿＿＿＿＿＿＿＿＿＿＿＿＿＿＿＿＿＿＿＿＿＿＿＿＿＿＿。

有、无故障码：＿＿＿＿＿＿＿＿＿＿＿＿＿＿。故障码：＿＿＿＿＿＿＿＿＿＿＿＿＿＿＿。

6. 查阅电路图，分析故障范围

根据以上试验和分析，整车控制器 VCU 工作正常，结合故障码信息和电路图，将故障范围缩小至以下三个方面：

一是＿＿＿＿＿＿＿＿＿＿＿＿＿＿＿＿＿＿＿＿＿＿＿＿＿＿＿＿＿＿＿＿＿＿＿＿＿＿；

二是＿＿＿＿＿＿＿＿＿＿＿＿＿＿＿＿＿＿＿＿＿＿＿＿＿＿＿＿＿＿＿＿＿＿＿＿＿＿；

三是电子换档旋钮自身故障。

7. 检查电子换档旋钮

1）拆下电子换档旋钮，拔下线束插头。

2）用万用表检测端子 B6 与搭铁之间电阻，正常应小于1Ω，实测值为_____Ω，说明_____。

电子换档旋钮线束插头B6端子　　　　电子换档旋钮线束插头B1端子

3）打开起动开关，用万用表检测端子 B1 与搭铁之间电压，正常应为电源电压。实测值为_____V，说明_____。

4）关闭起动开关，用万用表分别检测端子 B2、B3、B4、B5 与 VCU 对应端子 91、83、90、82 之间电阻，正常阻值应小于1Ω。

经检测，电子换档旋钮端子 B2 与 VCU 端子 91 之间电阻为_____。

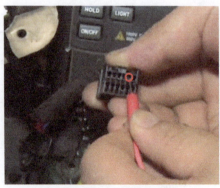 

电子换档旋钮线束插头B2端子　　　　VCU-91号端子

8. 诊断结论

综合以上检查及分析，判定故障点为：_____。

四、检查

故障排除后，用故障诊断仪清除故障码，并进行如下检查：

1. 检查仪表及中控是否还有故障提示：_____。
2. 检查高压上电情况：_____。
3. 检查车辆行驶情况：_____。

五、评估

1. 请根据自己任务完成的情况，对自己的工作进行自我评估，并提出改进意见。

1) _____
_____
2) _____
_____

2. 工单成绩（总分为自我评价、组长评价和教师评价得分值的平均值）

自我评价	组长评价	教师评价	总分

《纯电动汽车常见故障诊断与排除》理实一体化教室布置图

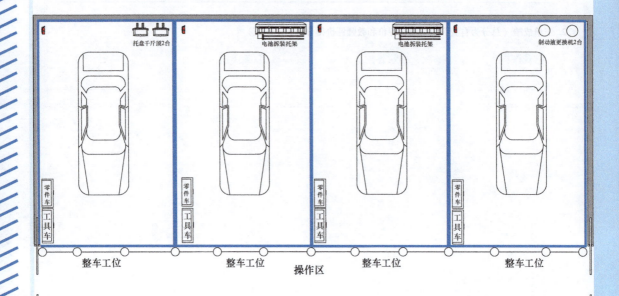

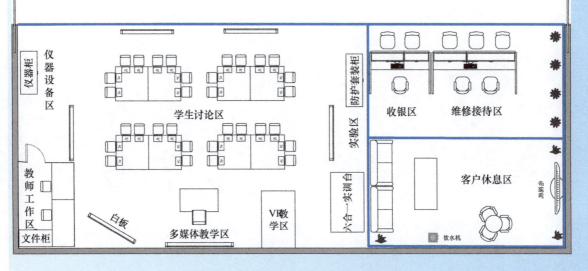

参 考 文 献

[1] 麻友良. 新能源汽车动力电池技术［M］. 北京：北京大学出版社，2016.
[2] 中国标准化委员会. GB/T 18487.1—2015 电动汽车传导充电系统［S］. 北京：中国标准出版社，2015.
[3] 曾鑫，刘涛. 新能源汽车动力电池与驱动电机［M］. 北京：人民交通出版社，2017.
[4] 崔胜民. 新能源汽车技术解析［M］. 北京：化学工业出版社，2016.
[5] 李伟. 新能源汽车构造原理与故障检修［M］. 北京：化学工业出版社，2015.
[6] 敖东光，宫英伟，陈荣梅. 电动汽车结构原理与检修［M］. 北京：机械工业出版社，2017.
[7] 王庆年，曾小华，等. 新能源汽车关键技术［M］. 北京：化学工业出版社，2017.
[8] 缑庆伟，李卓. 新能源汽车原理与检修［M］. 北京：机械工业出版社，2017.
[9] 王显廷. 新能源汽车电气系统检修［M］. 北京：机械工业出版社，2016.